科学出版社“十三五”普通高等教育本科规划教材

供药学、药物制剂、临床医学、临床药学、中药学、护理学、预防医学、
卫生事业管理学、制药工程、生物制药等专业使用

药 学 导 论

主　编　李建恒
副主编　周程艳
编　者（以姓氏笔画为序）
白立改（河北大学药学院）
李宝库（河北大学药学院）
李建恒（河北大学药学院）
杨　侃（河北大学药学院）
杨文智（河北大学药学院）
周程艳（河北大学药学院）
曹　飞（河北大学药学院）

科 学 出 版 社

北　京

内 容 简 介

药学专业最近十年进入黄金发展时期，新的技术、新的工艺大量涌现，旧版本的教材已不适应新的教学要求。新版《药学导论》以 2018 年 1 月教育部发布的《普通高等学校本科专业类教学质量国家标准》为指南，紧跟药学专业各学科研究前沿的最新进展，补充学科新理论、新方法和新技术，淘汰陈旧过时的理论和内容；详细介绍了药学专业主要学科的研究内容及未来发展趋势，以利于刚进入大学校门的药学专业的学生及初次接触药学领域的读者迅速了解药学专业的整体概况，有针对性地进一步学习；在章节内容和体例编排上做了较大修改以配合目前普遍应用的线上教学的授课形式；在章末增加了思考题以满足线下自学的需求。

本书可供普通高等医学院校本科生使用，也可作为住院医师、全科医师规范化培训及执业药师、研究生考试参考使用。

图书在版编目（CIP）数据

药学导论 / 李建恒主编. —北京：科学出版社，2021.1

ISBN 978-7-03-066682-6

Ⅰ. ①药… Ⅱ. ①李… Ⅲ. ①药物学－高等学校－教材 Ⅳ. ①R9

中国版本图书馆 CIP 数据核字（2020）第 215816 号

责任编辑：王 超 李 清/责任校对：杨 赛

责任印制：李 彤/封面设计：陈 敬

科学出版社出版

北京东黄城根北街 16 号

邮政编码：100717

http://www.sciencep.com

固安县铭成印刷有限公司印刷

科学出版社发行 各地新华书店经销

*

2021 年 1 月第 一 版 开本：787×1092 1/16

2023 年 11 月第四次印刷 印张：8 1/4

字数：202 000

定价：45.00 元

（如有印装质量问题，我社负责调换）

前　言

2018 年 1 月，教育部发布《普通高等学校本科专业类教学质量国家标准》（以下简称《国标》），这是向全国发布的第一个高等教育教学质量国家标准，与我国重视人才培养质量的发展潮流相一致，对建设具有中国特色的高等教育质量标准体系具有重要的标志性意义。《国标》涵盖了普通高校本科专业目录中全部 92 个本科专业类、587 个专业，涉及全国高校 56 000 多个专业点。《国标》把握三大原则：第一，突出学生中心。《国标》注重激发学生的学习兴趣和潜能，创新形式、改革教法、强化实践，推动本科教学从“教得好”向“学得好”转变。第二，突出产出导向。要主动对接经济社会发展需求，科学合理设定人才培养目标，完善人才培养方案，优化课程设置，更新教学内容，切实提高人才培养的目标达成度、社会适应度、条件保障度、质保有效度和结果满意度。第三，突出持续改进。强调教学工作要建立学校质量保障体系，要把常态监测与定期评估有机结合，及时评价、及时反馈、持续改进，推动人才培养质量不断提升。《国标》的发布对各高校制定人才培养方案尤其是专业课教材的内容提出了明确要求，本教材正是为了适应《国标》的新要求而编写的。

药学导论是药学、临床药学、药物制剂等多个专业的必修课程，也是全科医学培训、研究生综合科目考试中的重要参考书目。应科学出版社的邀请，我们组织了多年在教学一线工作、具有丰富教学经验的专家、教授编写了这本案例版《药学导论》。新版教材在编写、修订的过程中，始终贯彻“三基”（基本理论、基本知识、基本技能）、“五性”（思想性、科学性、先进性、启发性、适用性）的要求，并在传统内容的基础上，进行了如下改变：

1. 符合《国标》要求，教材内容有利于提高人才培养的目标达成度、社会适应度、条件保障度、质保有效度和结果满意度。

2. 紧跟药学学科研究前沿的最新进展，淘汰陈旧过时的理论和内容，补充新理论、新内容和新药物，更新内容达到了 30%以上。

3. 对内容和编写体例做了较大的修改，以适应现在普遍开展的线上教学的需求。

4. 为适应线下自学的需求，内容做到通俗易懂，文末增加了思考题。

5. 为满足药学人员职业培训、考试的需要，内容涵盖了执业药师、执业医师及研究生考试的相关知识。

限于我们的学识和水平，书中存在不足在所难免，恳请各位读者给予批评指正。

编　者

2020 年 6 月

目　　录

第一章 绪 论

药学是研究药物的一门学科，是关于药物的发现、开发及制备、质量控制及其合理使用的学科。主要任务是提高药效，减小对患者的伤害，最大效益地治疗疾病。药学学科是人类在与疾病斗争的漫长过程中逐渐产生和发展起来的一门学科，具有悠久的历史，对于保障人类健康发挥着重要的作用。药学研究为保障药物质量安全、有效、可控提供理论与技术的源泉和支撑。

药学是生命科学中一个比较特殊的专业和独立学科，它一方面具有鲜明的社会性和公民性，与服务对象的健康和生命息息相关；另一方面又在经济领域中具有其他行业不可替代的特征。随着21世纪人民生活质量逐步提高，人民群众对医疗卫生保健和环境保护方面的需求也越来越高，如何安全应用药物和生产药物，使药物完整地服务于人类社会及其生物圈家园，成为备受关注的问题。解决这个问题的关键并不在药物本身，而在控制药物的人。这就要求我国的药学高等教育适应现代社会的需求，从加强药学专业特色，改革传统药学教育模式入手，培养出复合型、服务型的药学专业人才。

第一节 药学的概念与特点

（一）药物

1. 药物的概念 药物是指可以改变和查明机体的功能及病理状态，可用以预防、诊断和治疗疾病的化学物质。它是以人为使用对象，有目的地调节人的生理功能，有规定的适用证、用法和用量要求。除外观，患者无法辨认其内在质量，因此许多药物需要在医生的指导下使用，而不由患者选择决定。同时，药物的使用方法、数量、时间等多种因素在很大程度上决定其使用效果，误用不仅不能“治病”，而且可能“致病”，甚至危及生命安全。

2. 药物的特点

（1）种类复杂性：全世界大约有20 000种药物，我国中药制剂约5000种，西药制剂约4000种，由此可见，药品的种类复杂、繁多。

（2）药物的医用专属性：药物不是一种独立的商品，它与医学紧密结合，相辅相成。患者只有通过医生的检查诊断，并在医生的指导下合理用药，才能达到防治疾病、保护健康的目的。

（3）药物质量的严格性：药物直接关系到人们的身体健康甚至生死存亡，因此，其质量不得有半点马虎，必须确保药品的安全、有效、均一、稳定。

（二）药学

1. 药学的概念 药学是研究药物的一门学科，是揭示药物与人体或药物与各种病原生物体相互作用规律的学科，是研究药物的来源、成分、性状、作用机制、用途、分析鉴定、加工生产、经营、使用与管理的一门学科。

2. 药学的特点

（1）药学发展的高科技特征：运用数学原理、电子计算机技术、新型高分子材料等是现代药学发展成熟的标志。

（2）药学学科分化综合、交叉发展：药学与生命科学、医学、物理及化学等学科交叉渗透，共同发展。

（3）药学的社会化发展特征：药学行业已经成为各国国民经济的支柱产业，其发展离不开社会，需要国家在战略决策、管理、投资、教育、文化等方面创造有利其发展的环境。

（4）药学发展模式转变：许多药学专家提出药学发展模式已经进入化学-生物学-药学模式，这是对药学发展状况的一种总结。

第二节　药学的发展简史

（一）药物的发现

远古时代人们为了生存从生活经验中得知某些天然物质可以治疗疾病与伤痛，这是药物的起源。这些实践经验有不少流传至今，如饮酒止痛、大黄导泻、楝实祛虫、柳皮退热等。

早在夏禹时代就制成了至今仍为常用的剂型——药酒。据历史记载，公元前 1766 年已有汤剂这一剂型出现，是应用最早的中药剂型之一。在《黄帝内经》中已有汤剂、丸剂、散剂、膏剂及药酒等剂型的记载；在我国汉代张仲景的《伤寒杂病论》（约公元 200～210 年）中和《金匮要略》中又增加了栓剂、洗剂、软膏剂、糖浆剂等剂型，并记载了可以用动物胶、炼制的蜂蜜和淀粉糊为黏合剂制成丸剂。公元 15 世纪，我国医药学家李时珍编著了《本草纲目》，其中收载了药物 1892 种，剂型四十种左右。古代药物大多为植物、动物、矿物质及加工品，都不是单纯的化学物质。

《神农本草经》奠定了药物应用的基础，是我国现存最早的一部药学专著，于东汉末年（公元 184～220 年）问世。全书载药 365 种，根据效用分为上、中、下三品，上品 120 种，能补养、无毒、可久服；中品 120 种，能治疗补虚，无毒或有小毒，应酌情使用；下品 125 种，多为活性强的专科治疗用药，毒性大，不可多服、久服。该书总结了秦汉以前的成就，至今仍是中药和方剂的最重要的经典文献之一。《诗经》中记载药物 100 余种，如苍耳、车前草、芍药等；《山海经》中收载药物也达 137 种之多，其中动物药 76 种、植物药 54 种、矿物药及其他 7 种。《五十二病方》现存 10 000 余字，全书分 52 题（实质上包括 100 多种疾病），每题都是治疗一类疾病的方法，少则一方、二方，多则二十余方。书中提到的病名现存的有 103 个，所载治法多种多样，除了内服汤药之外，尤以外治法最为突出。

中国古代药物的发展时期，魏晋南北朝到唐宋时期是我国古代药物的大发展阶段，第一部制药专著《雷公炮炙论》成书于南北朝时期，全面总结了南北朝刘宋时期以前的中药炮制技术和经验，是中国历史上对中药炮制技术的第一次大总结，此书初步奠定了炮制学基础，使中药炮制成为一门学科。到了唐代，出现了第一部药典——《新修本草》，此书是由唐朝政府出面组织颁布施行，由包括苏敬、李绩在内的 22 人集体编修的，以《神农本草经》及《本草经集注》为基础，全书分为药图、图经（对药图的注解）和本草 3 部分，归纳和总结了唐以前的药学成就，将以往本草所载的药物就其形态之真伪、产地之异同及采集节气之变异等方面，详加勘校修订而成。该书为我国第一部国家药典，也是世界上最早的一部药典，更是世界上首例以图文对照为写法的图书。此药典比1942年欧洲纽伦堡药典《科德药方书》还早880多年，在我国本草学发展史上占有重要位置，它不仅反映了唐代药学的成就，而且对后期和国外的药学发展也有深远影响。第一部中外药物交流专著《海药本草》共6卷，由五代前蜀李珣（德润）约撰于10世纪初。书中从50余种文献中引述有关海药（海外及南方药）资料，记述药物形态、真伪优劣、性味主治、附方服法、制药方法、禁忌畏恶等，涉及40余处产地名称，以岭南及海外地名居多。今存佚文中含药124种，其中16种系新增。此书为我国第一部海药专著，别具一格。古代医家伦理学的伟大奠基人——药王孙思邈，其著作《千金要方》是中国古代药物成熟时期的标志。中国古代药物成熟时期的主要标志是《本草纲目》，由李时珍在1552～1578年，历经26年完成，共52卷，包含1892种药物，成为中国16世纪百科全书。该书于1607年传入日本，后续传遍欧洲，被作为医药学、植物学、动物学、矿物学及化学专著加以研究。

17世纪以来，欧洲生产力和科学文化的迅速发展，催生了现代自然科学，在一定程度上促进了药学的发展，Pelletier和德国药剂师Sertuner先后从植物和原料药中分离出生物碱，证明生物碱具有明显的生理功能，极大地促进了植物原料药有效成分的研究，此后，越来越多的生物碱被分离成纯品，对其药物的生理作用研究也达到了较高的水平，随着生物科学的进步，对生药的起源和形态的研究也取得了新的进展，到19世纪中叶，生药学从药理学中分离出来，成为一门独立的学科。随着国际贸易的发展，原料药采购流通领域不断扩大，原料药品种和数量逐步增加。当时生药学的主要内容是研究生药的来源（包括生物来源和地理来源），鉴定生药的真伪和质量，1838年德国学者施莱登阐明植物结构的基本单位是细胞的同时用显微镜观察了各种药材的显微结构，发现根据显微结构可以准确区分不同的药材，利用显微镜对药材进行鉴别的方法得到了进一步的发展，成为药材鉴别的重要方法之一。同时，在药材鉴定中加入了化学定量和定性方法，从那时起，生药学的研究开始沿着形态学（宏观和微观）和化学两个方向发展，药物活性强度（生物素）生物测定的成熟，也为原料药的质量评价和有效成分的测定提供了新的手段和条件。1930年以后，原料药的分析鉴定开始与毛细管分析、比色法等理化分析密切相关，分光光度法是一种常用的分析方法。20世纪60年代以来，随着现代仪器分析方法的迅速发展，紫外光谱法、红外光谱法、薄层色谱法和薄层色谱光密度法等新方法被应用于生物化学分析中，这极大地促进了化学成分分析的发展和药材的定性、定量分析，对药材有效成分的不断阐明和分析方法的快速发展，使现代生药学进入了一个新的发展时期。

化学、物理学、生物学、解剖学和生理学的兴起，大大促进了药学的发展。其主要标志就是学科分工越来越细，尤其是20世纪以来，早期没有分科的药学，因科学技术的发展，已先后发展成为独立的学科，从而使药学分离出去，又与其他学科互相渗透成为新的边缘学科。尤其是受体学说和基因工程的创立，使药学事业的发展产生了一个新的飞跃。而此时的药物大多为人工合成品、天然药物的有效成分及生物制品。

从20世纪初到80年代，化学药物发展迅速，涌现出许多药物，时至今日仍被广泛应用。21世纪合成药物的发展趋势可分为以下几个方面。

以药用植物为基础的新先导化合物的发现和修饰及新药的发明仍然是合成药物的重要组成部分，细胞和分子活性筛选方法的规范化及分离技术的完善，使得发现极少数新型化学物质成为可能。同时，通过现代筛选模型发现20世纪已经筛选出的植物化学物质的新用途，也为成功地合成药物研究提供了更多的机会。微生物对抗生素耐药性的增加和抗生素的不合理使用，使抗生素的使用寿命越来越短而天然来源很难找到新的结构类型的抗生素，这种情况导致了 21 世纪半合成和全合成抗生素的发展。

组合化学在获取新的化合物分子上的应用得益于仿生学的发展，它将一些基本的小分子组合成不同的组合，用大量的化合物建立一个化学分子库，然后将其与高通量筛选相结合，寻找一些活性有机化合物，有机化合物仍然是 21 世纪合成药物最重要的来源。21 世纪，一批先进的计算机仪器的发明，分离分析方法的不断改进，特别是分析方法的进一步微量化，将使化学合成药物的质量得到进一步提高，发展速度将进一步加快。

药理学进一步扩展到分子药理学、生化药理学、免疫药理学、受体药理学等领域，使化学合成药物的有效药理学性能更加特异。在 21 世纪，化学合成药物将密切推动药理学的发展，而药理学的进步将推动化学合成药物朝着更加具体的方向发展，使其不仅具有更好的疗效，而且不良反应也更少。经过半个世纪的积累，利用计算机进行合理药物设计的新药研发显示出良好的发展前景，在 21 世纪，酶、受体和蛋白质的三维结构将被逐一阐明，为阐明基于“生物靶点”的合理药物设计，开发新的化学合成药物奠定了坚实的基础。合成药物用于防治心脑血管疾病、癌症、病毒性感染疾病、年龄相关疾病、免疫性疾病和遗传性疾病，是 21 世纪开发的关键新药。

随着分子生物学技术的迅速发展，人类基因组学的研究成果将对临床医学产生重大影响，不仅有助于发现新型的微量内源性物质，如活性蛋白、细胞因子等，还为化学合成药物的研究提供了新的靶点，奠定了重要的基础。人类基因组的研究成果和中医药现代化的巨大吸引力，给我们带来了光明的未来，引起了政府部门、企业家和社会各界的关注和媒体的兴趣。但不要因此而形成忽视化学合成药物的局面，或渲染它的不良反应，在 21 世纪，化学合成药物仍然是最有效、最常用、最丰富、最重要的治疗药物，世界各大制药公司的新药研究主要还是以化学合成药物为主。利用人类基因组学和中药现代化的成果，开发出具有临床应用价值的药物，并占据一定的市场份额，是一项非常艰巨的任务。

（二）药学的发展史简介

1. 世界药学史

第一阶段：从古代到 19 世纪末，是天然药物利用时期，是药学发展史上最长的一段时间，也是药学发展的奠基阶段，极大部分药物是纯天然药物。

（1）古典药学时期：由于原始时代文化程度不高，没有专门记载药学知识的著作，故人们把现存用文字记载药物治疗的书称为古典书，如中国的《诗经》《山海经》，古埃及的《纸草书》（*Papyrus*），除此之外，古巴比伦、亚述的相关碑文也被列入药学文献中，其中记载着最早的药学知识。

（2）罗马时期：希波克拉底（公元前 460～前 377 年），由于他对古代医药学发展做出了巨大贡献，医学成绩巨大，被后人称为医圣；戴欧斯考利狄斯（Dioscórides）编著的《药物论》（*De Materia Medical*）中记载约 600 种生药，直到 15 世纪此书在药物学及植物学上仍占有重要地位，到 17 世纪都被医药界奉为圭臬，到 15 世纪印刷术大为进步时，此书的出版更加蓬勃，陆续有拉丁文、希腊文以外的译本问世，流传于整个欧洲，该书被认为是数个世纪以来药物学的主要著作。古罗马最杰出的医学家格林（Calen，公元 130～200 年）有许多著作，现存 80 余种，这些书籍对后世药学发展有着举足轻重的影响。由于他在植物制剂技术方面做出的巨大贡献，后人为纪念他，把用浸出方法生产出的药剂称为格林制剂（Calen Cals）。也因其创造性的研究工作，对医药学的发展起到了奠基作用，被后人称为药剂学的鼻祖。

（3）中世纪药学时期：中世纪（3～15 世纪）的欧洲正处于黑暗时期，由于战争摧毁了古罗马文化，因此医学的中心也随之发生了改变，阿拉伯人不仅继承了古希腊、古罗马的医学遗产，而且博采兼收了中国、古印度和波斯等国家的经验。在此之间，塔吉克医生阿维森纳（Aricennna，980～103 年）编著了对后世影响颇深的《医典》，此书共分为 5 册，总结了当时亚洲、非洲和欧洲的大部分药物知识，此书不仅总结了阿拉伯医学临床的丰富经验，而且建立了较为完整的医学理论体系，是一部医药学的经典著作。

第二阶段：19 世纪末合成药物的兴起阶段，化学药物及其治疗的概念得以深化。

第三阶段：20 世纪 40～60 年代，大量化学药物的合成并上市，以及生化药物的兴起阶段。

第四阶段：20 世纪 70 年代至今，多个学科的紧密交叉联系，更多选择性高、药效强、专一性更强的药物的快速发展，如基因靶向药物的发展等。

2. 现代中国药学史

我国药学在新中国成立以后得到了快速发展，新中国成立初期国家就开始重视对抗生素的研究和生产，三年后于 1951 年试制出第一批结晶青霉素，并于 1953 年 5 月 1 日正式投产，1955 年又增加了氯霉素和合霉素等品种的生产。1952 年在上海召开了由中国科学院召集的抗生素座谈会，由此开始了我国有组织、有领导的抗生素研究工作。1955 年，第一届全国抗生素大会在北京召开，大会不仅宣读了有关抗生素的生物学、化学、技术和临床等方面的论文，而且报道了从中国土壤中分离出的抗肿瘤抗生素放线菌素 D。1956 年在上海召开了新抗生素研讨会后，中国医学科学院抗生素研究室成立，两年后，被扩大为抗生素研究所。此后我国建立了众多抗生素研究室及其他专业机构共同研发抗生素，一些大型企业也设有力量较强的中心试验室或厂办研究所。在 1961 年和 1964 年，我国相继召开了第二届和第三届全国抗生素学术会议。

20 世纪 60 年代初，通过青霉素 G 生物酶解成功制备了 6-氨基青霉烷酸（6-APA），并合成了二甲氧基青霉素，1965 年，我国从头孢菌素中成功提取了头孢菌素 C，得到 7-氨基头孢烷酸（7-ACA），从那时起，我国开始了半合成青霉素和半合成头孢菌素的研究和生产，从 20 世纪 60 年代中期至 70 年代，我国先后生产了卡那霉素、博来霉素和两性霉素 B 等一批具有较大临床价值的抗生素。1981 年和 1983 年，我国先后召开了第四届抗生素学术会议和全国新型抗生素研究开发学术研讨会，显示我国在抗生素产生菌分类鉴定、新型抗生素分离和结构鉴定等方面的能力进一步提高。1985 年和 1989 年，我国召开第五届、第六届全国抗生素学术会议，进一步体现了我国抗生素研究的深度和广度，随着微生物基因工程、生物工程和生化技术的进一步应用，抗生素研究不断创新。到 80 年代中后期，新抗生素在新药筛选、结构转化、合成过程及作用机制、耐药性、临床药理学等方面的研究取得了较大进展。

现代药学的发展过程：在 20 世纪 50 年代初期，我国将合成药物研究的重点转为抗微生物感染药物及防治流行性地方性疾病的特效原料药。在地方病用药方面，有机锑制剂和全合成没食子酸锑钠成为首要研究对象。在 60 年代以后，由于抗生素的半合成发展较快，在此期间除链霉素、红霉素等已投产外，其他青霉素类品种也已增加到十几种。到 20 世纪 70 年代中期，我国又完成了部分头孢类抗生素的半合成，同时试制成功了多西环素、阿米卡星等抗生素药物。这一时期，不论是在地方病用药、抗肿瘤药物及避孕药、维生素类、心血管类、神经系统药的合成研究或是药物的结构改造上都取得了很大的进步。自 20 世纪 80 年代后，合成药物的研究方法更加侧重于以天然有效成分或疗效较好的药物为先导化合物，进行结构改造并合成其衍生物或类似物。进入 20 世纪 90 年代，我国合成药物的研究有了更高水平的发展，研究方向更加注重在构效关系基础上寻找高效、低毒的新化合物。虽然仍以心血管药、抗肿瘤药、抗菌药和天然有效成分的合成为研究重点，但我国学者已注意到国际上的研究动向，开始努力探索从分子到亚分子水平研究药物-受体相互作用的机制和药物构效关系的相关规律，即进行所谓“合理的药物分子设计”。我国在 1990 年召开了全国甾体药物学术会议和华东地区药物化学学术会 1991 年召开了第二届中日药物构效关系定量研究和药物设计研讨会，并在 1991 年召开第三届全国分子力学和药物设计学术会，这三项会议充分体现出我国在药物分子设计和合成研究领域进入 20 世纪 90 年代的水平。

第三节　药学的研究热点

药物是人类在长期与疾病做斗争的过程中不断发现、积累而丰富起来的，其来源不外乎天然（矿物、动物、植物、微生物）和人工制造两个方面。19 世纪以来，随着药物化学的发展，不但可用人工的方法合成天然药物的有效成分（如麻黄的有效成分麻黄碱），还能改造天然药物及合成新的化学药品（如巴比妥类、氯丙嗪、磺胺类等）。

（一）治疗恶性肿瘤药物

据调查研究发现，恶性肿瘤已成为致人类死亡第一因素。治疗方法：外科手术、放射治疗、药物化疗和生物治疗。药物化疗，可以杀灭肿瘤细胞，延长患者生存期，但两败俱伤。新一代抗肿瘤药物根据发病机制，从分子水平对肿瘤进行基因治疗，如反义核苷酸阻断基因的表达。如何成功地将药物运送到肿瘤细胞内是目前急需解决的问题。

（二）治疗心脑血管疾病的药物

心脑血管疾病是当今世界上威胁人类健康最严重的疾病之一，其发病率和死亡率已超过肿瘤而跃居世界第一。研制防治心脑血管疾病的新药是医药界的主要任务之一。例如，高血压的成人发病率 2018 年为 23.2%。从多发病机制、多靶点研制出几十种药物，如 β 肾上腺素受体（简称 β 受体）拮抗剂普萘洛尔、钙拮抗剂维拉帕米等。

（三）抗感染药物

一些感染性疾病又有死灰复燃的迹象，如结核等。病毒性感染性疾病，如病毒性肝炎、艾滋病等仍未从根本上找到彻底治愈的药物。在我国，病毒性肝炎每年发病人数高达上百万，乙型肝炎（以下简称乙肝）病毒携带者达 7000 万人。据调查，截至 2018 年，全世界共有 3790 万人携带人类免疫缺陷病毒（又称艾滋病病毒）。2015 年，约有 120 万人因艾滋病死亡。由此可见，抗感染药物的研究刻不容缓。

（四）老年药物

由于人类寿命延长，许多国家步入老龄化社会，骨质疏松、阿尔茨海默病、帕金森病是老年人常见的疾病。

第四节 药学及相关专业的培养方案

一、药学专业的培养方案

（一）药学专业的概念及特点

药学专业研究内容包括药物新靶点的发现与确证，药物设计、筛选、制备或合成，药物剂型和制剂的设计理论、处方及工艺，药物质量控制，药物体内过程，药物作用机制与有效性、安全性，临床合理用药，药事管理、药物经济、药物信息、社会药学与伦理等。现代药学学科是以化学、生命科学、医学等相关学科为基础的一门综合性学科，随着科技不断发展，一些新兴学科如基因组学、蛋白质组学、代谢组学、化学生物学、结构生物学、信息学、社会管理学等不断渗入药学学科。多学科理论、技术的发展和交叉，有力地推动着药学学科的进步。

（二）药学专业的近现代发展

我国现代药学教育始于 1906 年（光绪三十二年）的北洋军医学堂的药科，辛亥革命后，对药学教育作了以下规定：确定药学教育分为大学教育和专科教育两种；明确了两种教育的修业年限、课程设置，实验教学项目；制定了药学大学教育的四种专业化学及数学课程和实验教学科目。1911～1949 年全国先后创办的高等药学学校、含药学系学校共二十余所，其中办学时间较久，毕业生人数较多，影响较大的有浙江公立医药专门学校药科、齐鲁大学理学院药学专修科、华西协和大学理学药学专修科、北京大学医学药学系、满洲医科大学药学专门部、浙江大学药学系、江西医学专门学校药科、贵阳医学院药学专修科、福建医学院药科、西北药学专科学校、川至医学专科学校等。北洋军医学堂药科于 1947 年更名为国防医学院药科。此外，在一些大城市还举办了一些中等药学职业学校，培养药剂师。据统计，在三十余年中，高等药学校系毕业约 2000 人。1950 年全国制药工业会议确定，在优先发展原料药以解决“无米之炊”的基础上发展制剂工业。为了适应医药工业的发展，1956 年上海医药工业研究院药物制剂研究室成立，多次召开过全国性的注射剂和片剂等生产经验交流会，促进了我国的医药制剂工业的迅速发展。

现代药学教育的兴起，促进了药学专业队伍的形成，药师法规的实施，使药师成为一种法定的、独立的科学职业。这时期，除了从事药学研究、制造、鉴定和教育等工作的专业人员外，还有许多学校的大学毕业生、留学生加入了药学相关行业。另外还有大批中药专业人员，他们主要从事中药炮制、配方和中成药生产。药学专业队伍为发展中华民族自己的药学事业做出了重大贡献。

（三）药学专业的培养方案

1. 培养目标 本专业旨在培养人格健全、全面发展，具备药学学科基础知识、基本理论和基本技能，能够在药物研发、生产、检验、流通、使用和管理等领域，从事药物发现和评价、药物制剂设计与制备、药品质量标准研究和质量控制、药品管理及药学服务等方面工作的复合型高素质专门人才。

2. 培养要求 本专业学生主要学习与药学相关的数学、物理学、化学、生物学、药物化学、药剂学、药理学、药物分析等学科的基本理论和基本知识，接受各科实验技能、科学研究方法的基本训练，具备药物研发、生产、流通、管理、质量控制和药学服务等工作的基本能力，养成良好的政治思想素质、身体素质、文化素质、科学和职业素质。

本专业毕业生应掌握的知识、具备的能力和养成的素质有如下几方面。

（1）毕业生应掌握的知识

1）掌握药物化学、药理学、药剂学、药物分析学、天然药物化学等学科的基本理论、基本知识和基本实验技能。

2）掌握药学各主要学科的实验技术和科学研究方法。

3）熟悉药事管理相关的方针、政策和法规。

4）了解药学及相关学科的发展动态和前沿信息。

5）具有一定的文化知识，包括科学基础和人文基础通识性知识。

6）具有大学英语水平所要求的听、说、读、写等方面的知识和计算机应用相关知识。

（2）毕业生应具备的能力

1）具备文献检索、资料查询及运用现代信息技术获取相关信息的能力。

2）具备从事药物研发、生产、流通、管理、质量控制和药学服务等工作的基本能力。

3）具有社会责任感和职业道德、较强的创新和创业意识、人际沟通交流能力、团队合作精神，以及终身学习和自主学习的能力。

（3）毕业生应养成的素质

1）具有初步的科学研究和实际工作能力，具有一定的批判性思维能力。

2）达到国家政治思想教育及职业素质等方面的要求。

3）掌握体育运动的一般知识和基本方法，形成良好的体育锻炼和卫生习惯，能够正确认识自我，心理健康。

4）具有广泛的人文社会科学基础，培养良好的文化修养和人文关怀精神。

3. 核心课程 分析化学、有机化学、物理化学、生物化学、药物化学、药理学、药剂学、天然药物化学、药物分析学和药事管理学等。

二、药物制剂学专业的培养方案

（一）药物制剂学专业的概念及特点

药物制剂学是研究药物制剂的处方设计、基本理论、制剂工艺和合理应用的一门综合性技术学科。药物制剂专业是药学专业的一个分支学科，专门研究药物制造，以培养高层次、创新型、具有国际视野的药物制剂专门人才为宗旨，注重于使学生具备药物新剂型与新制剂的设计，药物制剂的制备及其生产管理、工艺设计与技术改造，药物制剂度量评价等领域的科学研究和开发能力。

根据药物理化性质不同，体内吸收代谢特点不同，以及达到治疗的效果，减少不良反应，需要在药物的生产加工中采取合适的处方设计、生产工艺，在使用中需采用适合剂型，适合的给药途径，同时也要满足药物本身的保管、运输要求。

药物制剂学主要针对药物剂型开展研究，在设计一种药物剂型时，除了要满足医疗、预防的需要外，同时须对药物的性质、制剂的稳定性、生物利用度、质量控制及生产、储存、运输、服用方法等方面加以考虑，以达到安全、有效和稳定的目的。

（二）药物制剂学专业的近现代发展

目前我国新型药物制剂开发研究方向主要集中在药物传输系统，药用新辅料、新工艺、新技术，制剂处方及工艺设计程序化、标准化，材料科学和生物技术的发展对药物制剂学的推动，基因治疗上。药物传输系统是现代科学技术进步的结晶，在临床治疗中正在发挥重要作用。随着辅料的标准化和制药设备的计算机化，制剂处方及工艺也逐渐实现人工智能系统控制，节约了人力资源，提高了制药效率。药物制剂学是多学科结合的产物，今后将更多地与材料科学相结合，以推动药物制剂学的发展。生物技术的发展不仅为新药设计提供了明确的靶点，而且为药物输送提供了有用的信息，故受体介导、转运体介导等的药物释放系统（drug delivery systems，DDS）研究成为热点。药物制剂学研究的前沿目前主要集中在新型靶向给药系统、载体给药系统、口服缓控释给药系统、新型黏膜给药系统、生物技术药物的新型 DDS 及生物药剂学等方面。随着生物技术的迅速发展，生物大分子药物品种迅速增加，对安全的、无损伤性的口服给药途径和经皮给药途径剂型的研究是发展的重要方向。基因治疗利用基因转移技术将外源重组基因或核酸导入人体靶细胞内，以纠正基因缺陷或其表达异常。灭活病毒、脂质体和其他微粒是常用载体系统。现代药物制剂主要应用的技术有如下几方面。

1. 对固体进行分散的技术 在临床应用过程中发现某些患者对部分药物出现较大的排斥反应。这些与药物的溶化速度慢及药物本身对身体的刺激性较强有关。固体分散技术可使这种类型的药物分散到多种无生物活性的载体中，形成载体-药物的固体分散体，解决了这类药物的排斥反应问题。

2. 脂质载体技术 是将脂质体作为药物载体使药物直达患处，对疾病进行治疗的技术。脂质体是指分散在水中的卵磷脂形成的单层、多层或单层双磷脂的囊泡，我们将其称为单室脂质体或多室脂质体。这种技术具有靶向性，能降低药物毒性，保护包封药物和长循环作用的优点；唯一的缺点就是需要具有一定稳定性的脂质体。

3. 乳化技术 近年来，我国在乳化技术研究方面取得了不错的成果，高压乳匀机得到了广泛应用；因为乳化剂能增大一些难溶于水药物的溶解速度和溶解度，也加快了助乳化剂和乳化剂的发展。

4. 微囊微球技术 通过微囊化剂使液体药物固体化、缓控释药物靶向化，掩盖药物的不良气味，在临床中能够提升药物的稳定性及患者的依从性。

5. 包合物技术 是指药物客分子和主分子进行物理包合作用，不发生化学反应。该技术能够改善药物的物理性质，有效降低药物的不良反应和刺激性，防止挥发性药物挥发等。

（三）药物制剂学专业的培养方案

1. 培养目标 本专业旨在培养掌握药学和药物制剂工程的基本理论、基本知识和基本技能，能够在各类药物研究院所、医药院校、医药生产和流通企业、医院、药事管理和药检所等单位从事药物制剂的设计、研究、制备、生产、质量控制等工作的复合型药学专门人才。本专业本科学生在掌握药学专业相关核心知识的基础上，重点培养适应未来药物制剂工作的药学专门人才和药用高分子辅料开发的药学专门人才。

培养目标 1：本专业旨在培养人格健全、全面发展，具备药学学科基础知识、基本理论和基本技能，能够在药物制剂研发领域从事药物发现和评价、药物制剂设计、药品质量标准研究等方面工作的高素质复合型专门人才。

培养目标2：本专业旨在培养人格健全、全面发展，具备药学学科基础知识、基本理论和基本技能，能够在药物生产领域，从事药物制剂制备、药品质量标准研究和质量控制等方面工作的高素质复合型专门人才。

培养目标3：本专业旨在培养人格健全、全面发展，具备药学学科基础知识、基本理论和基本技能，能够在药物检验、流通、使用和管理等领域，从事质量控制、药品管理及药学服务等方面工作的高素质复合型专门人才。

2. 培养要求 本专业学生主要学习药学相关的数学、物理学、无机化学、有机化学、有机合成化学与路线设计、分析化学、物理化学、生物化学、药物化学、药剂学、药理学、药物分析等学科的基本理论和基本知识，接受各科实验技能、科学研究方法的基本训练，具备药物研发、生产、流通、管理、质量控制和药学服务等工作的基本能力。尤其通过课堂教学、实验训练和实习等环节，使本专业学生掌握药学、药剂学的基本理论、基本知识与技能及药物剂型的设计原理、制备方法和生产工艺，具备剂型及制剂设计、工艺技术设计、质量控制及药物分析等基本能力。在从事药物剂型与制剂的研究开发，药用高分子辅料开发设计，药物制剂的生产、制备和质量控制上具备较为突出的专业能力，具备良好的政治思想素质、身体素质、文化素质、科学和职业素质。

（1）毕业生应掌握的知识

1）掌握药物化学、药理学、药剂学、药物分析学、天然药物化学等学科的基本理论、基本知识和基本技能。

2）掌握药学各主要学科的实验技术和科学研究方法，重点掌握药剂学的实验技术与研究方法。

3）熟悉药事管理相关的方针、政策和法规。

4）了解药物制剂学和药学学科的发展动态和前沿信息。

5）具有一定的文化知识，包括科学基础和人文基础通识性知识。

6）具有大学英语水平所要求的听、说、读、写等方面的知识和计算机应用相关知识。

（2）毕业生应具备的能力

1）具备文献检索、资料查询及运用现代信息技术获取相关信息的能力。

2）具备从事药物研发、生产、流通、管理、质量控制和药学服务等工作的基本能力。

3）具有社会责任感和职业道德、较强的创新和创业意识、人际沟通交流能力、团队合作精神，以及终身学习和自主学习的能力。

（3）毕业生应养成的素质

1）具有初步的科学研究和实际工作能力，具有一定的批判性思维能力。

2）达到国家政治思想教育及职业素质等方面的要求。

3）掌握体育运动的一般知识和基本方法，形成良好的体育锻炼和卫生习惯，能够正确认识自我，心理健康。

4）具有广泛的人文社会科学基础，培养良好的文化修养和人文关怀精神。

3. 核心课程 药剂学、生物药剂学与药物动力学、药用高分子材料学、药理学、药物分析、药物化学、天然药物化学、药事管理、制药工程、无机化学、物理化学、有机化学、有机合成化学与路线设计、波谱解析、分析化学、仪器分析、生物化学和高等数学等。

（李建恒　周程艳）

第二章　药 物 化 学

第一节　药物化学的研究内容与发展概况

一、药物化学的基本概念与研究内容

药物化学是关于药物的发现、设计、发展、确证、代谢及构效关系，并在分子水平上研究药物作用机制的一门学科。药物化学也是一门交叉性综合性学科，以有机化学、结晶学、光谱学、结构化学等为基础，涉及生物学、医学、药学和计算机科学等各个学科的内容。

药物化学的研究对象是化学药物。化学药物是一类具有药物的功效，同时又有确切化学结构的物质，也是目前临床应用中主要使用的药物，包括无机的矿物质、合成的有机化合物、天然有效成分及各种天然抗生素和半合成抗生素等。

早期药物化学的研究内容主要以药物本身为主，以化学学科为主导，研究药物的理化性质、结构修饰、体内代谢和制备方法等。随着科学的进步，药物化学研究领域越来越广泛，包括了基于生命科学研究揭示的潜在药物作用靶点设计全新活性分子；利用高通量筛选、虚拟筛选等技术发现全新先导化合物并进行成药性优化；研究化学药物的高效生产工艺；研究药物分子的化学结构与生物活性之间的关系、化学结构与药物代谢之间的关系、化学结构与毒性之间的关系等；通过人工智能等现代化手段开发新型药物。其中新药的设计与合成是药物化学重点研究内容。

药物化学研究贯穿了药物研发的整个流程，肩负着艰巨的任务：一是不断探索开发具有价值的先导化合物，并对先导化合物或现有药物进行结构优化，研制疗效好、毒副作用小的新药；二是研究药物的合成路线和生产工艺，实现新药的工业化和产业化；三是研究药物的理化性质、构效关系、杂质来源、结晶方法等，为质量标准制定、剂型设计和临床研究提供依据。

二、药物化学的发展概况

（一）以天然活性物质为主的时期——19 世纪

在古代，药物主要来源于天然植物的各个部位、动物及矿石。在进入 19 世纪后，使用天然物质进行疾病的治疗已经不能满足人们的需求。当时化学学科正在迅速发展，从药用的动植物和矿物中提取分离活性成分成为药物化学研究的主流方向。在此时期人们发现了大量的现在所熟知的天然药物（图 2-1）：1820 年从金鸡纳树皮中分离得到奎宁，用于治疗疟疾；1819 年从咖啡豆中分离得到咖啡因；1805 年从罂粟中分离得到吗啡，用作镇痛药物；1833 年从颠茄等茄科植物中分离到阿托品，作为抗胆碱药被广泛应用于解除平滑肌痉挛；1860 年从古柯树叶中分离得到具有局部麻醉作用的可卡因。此外，人们还发现了秋水仙碱、依米丁、毒扁豆碱、麻

黄碱等大量药物。但是，在该时期药物化学的研究中，这些所分离得到的活性天然产物往往不做结构修饰就直接用于临床。

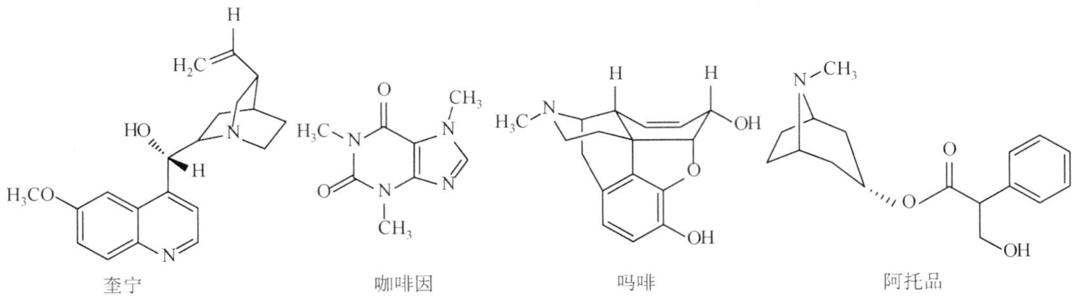

图 2-1　天然药物

（二）简单合成化合物成为药物的时期——19 世纪中期至 20 世纪初期

19 世纪中期以后，化学工业，特别是染料、化工等的发展，为药学发展提供了更多的化学物质和原料，促使人们对众多的有机合成物进行药理活性的研究。在当时有一些化学试剂直接被用于临床，如氯仿和乙醚作为全身麻醉药，水合氯醛作为镇静催眠药。这些药品的成功应用，同样促进了制药工业的发展，开始大量的合成和制备化学药物，但在该时期所开发的是一些结构简单的化学药物，如阿司匹林、苯佐卡因、安替比林、非那西丁等（图 2-2）。

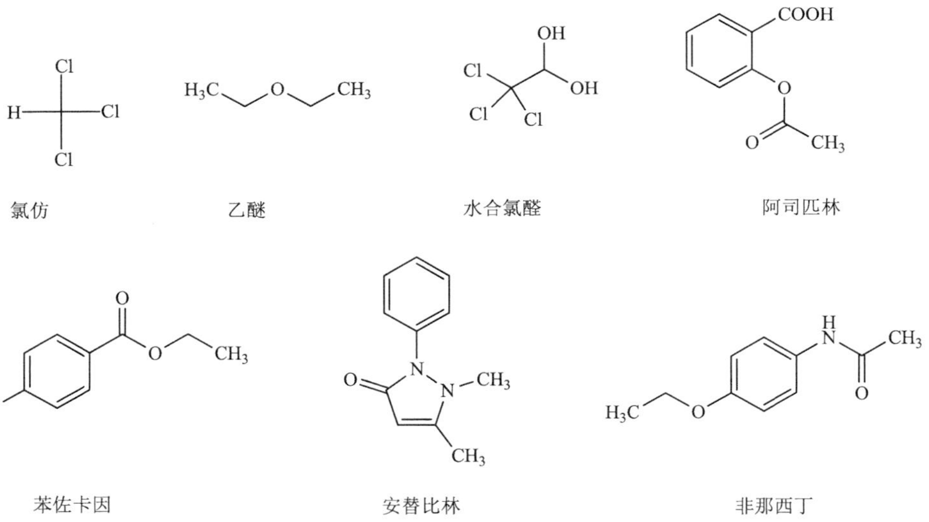

图 2-2　具有简单结构的化学药物

随着化学药物数量的增加和广泛使用，人们开始探索药物的化学结构中哪些官能团是有效的基团，促进了药效基团（pharmacophore）、作用模型（action mode）、构效关系等传统药物化学理论的出现和发展。1868 年，Brown 和 Fraser 观察到四甲基季铵盐和四乙基季铵盐对神经节阻断作用的差异，第一次提出化学结构与生理活性之间存在一定的联系；Ehrlich 在用染料治疗原虫性疾病和用有机砷化合物治疗梅毒时，提出了化学治疗（chemotherapy）的概念；1878 年

Langley 首先提出受体（receptor）概念。但是，由于受当时科学水平的限制，以及药理学和化学实验缺乏完善性，人们仅注意到了药效基团的作用，而忽略了分子结构的整体性，甚至把药物的生理作用与染料生色基团产生颜色的性质相提并论。

（三）以合成药物为主的快速发展时期——20 世纪初期至 20 世纪中期

20 世纪初期及以后，药物化学开始研究从多数产生同样药理作用的化合物中寻找共同的基本结构。在此基础上一系列有关药物设计的方法被建立起来，如同系物原理、异构原理、电子等排理论和拼合原理等。利用这些原理，对已知结构的活性物质进行改造，得到了较多的有效药物。例如，从可卡因结构出发最终发现了普鲁卡因（图 2-3）。在具有基本结构的药物中，不同药物的相对治疗强度或毒性大小，大多由基本结构上各种取代基团的性质来决定。

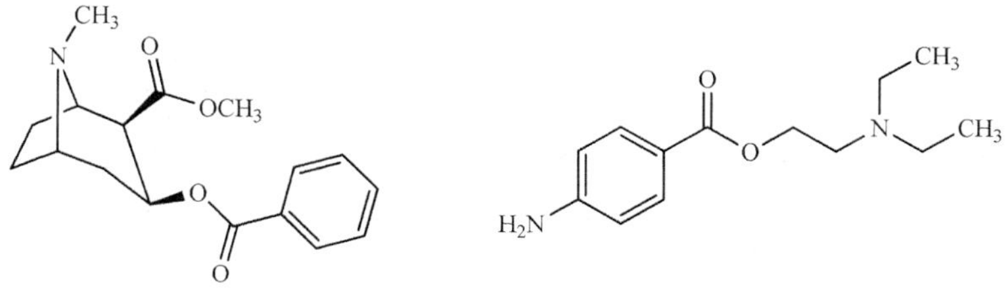

可卡因　　普鲁卡因

图 2-3　可卡因和普鲁卡因的结构

在这个时期，合成抗菌药的发现是药物化学发展史上的一个里程碑。在 20 世纪 30 年代中期，Domagk 等研究发现百浪多息可以治愈细菌感染的小鼠，并证明了百浪多息在体内经酶的还原裂解生成磺胺而产生抑菌作用，因此在磺胺结构基础上陆续合成了许多强效和长效的磺胺类抗菌药物，如磺胺嘧啶、磺胺醋酰钠等（图 2-4），开创了化学治疗的新纪元。1940 年 Wood 和 Fildes 在对磺胺类药物作用机制的研究中发现，磺胺类药物和细菌生长所需的对氨基苯甲酸结构相似，可与其竞争从而抑制细菌生长过程中的关键酶，建立了“代谢拮抗”学说。这一学说的建立在药物化学史上具有重要的意义，不仅能够阐明一些药物的作用机制，而且为寻找新药开拓了新的途径和方法，在后来抗肿瘤药、抗病毒药、抗疟药、利尿药等的开发中均起到了重要的指引作用。

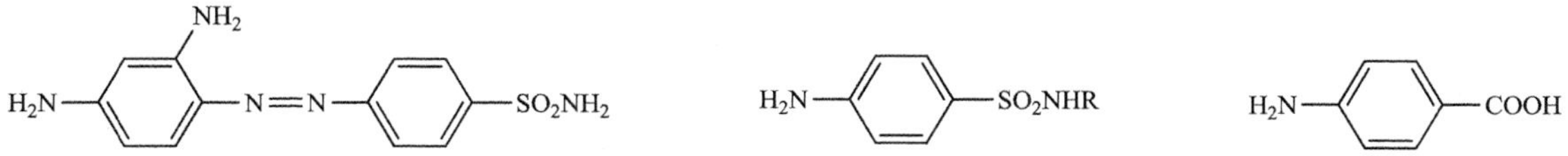

百浪多息　　磺胺类药物　　对氨基苯甲酸

图 2-4　合成抗菌药

药物化学史上又一次重要的发现是 20 世纪 40 年代青霉素的发现。由于青霉素结构独特，抗菌活性强，使当时极难治愈的感染性疾病的治疗获得了极大的突破。青霉素出现后受到了药物研究者的极大关注，人们开始从各种真菌或其他微生物中寻找新的抗生素，发现了四环素类、大环内酯类、氨基糖苷类等目前常用的各种抗生素。同时，人们在天然抗生素的基础上，针对其化学稳定性差、不良反应多、抗菌谱窄等问题，又开发了半合成抗生素，如头孢克肟、罗红霉素、克拉霉素等（图 2-5）。

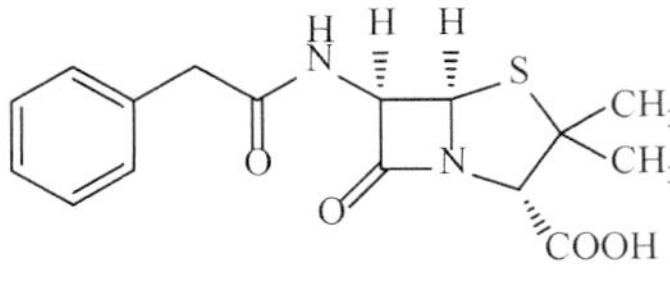
青霉素

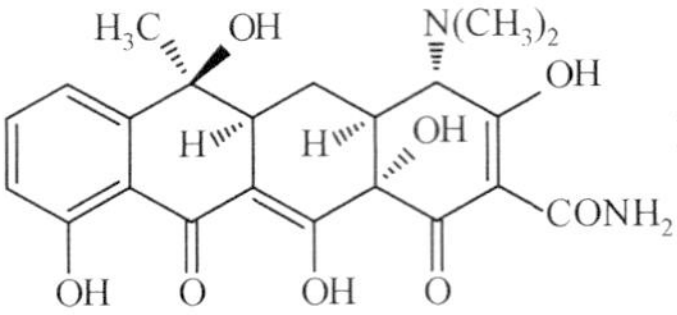
四环素

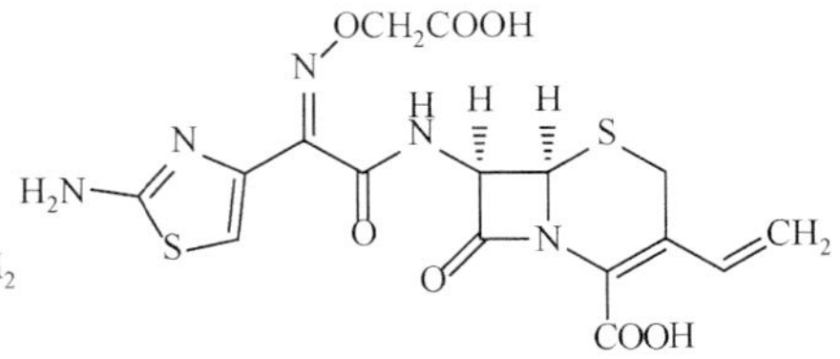
头孢克肟

图 2–5　抗生素类药物

在当时，人们也发现了甾体激素具有调节机体生长、发育和性征的作用，并将这些激素成功应用到了临床。但是，在早期这些药物主要从性器官和孕妇尿液中提取而得，价格昂贵。后来随着皮质激素抗炎、免疫抑制等用途的发现，到 20 世纪 60 年代，新的高效皮质激素药物代替了天然来源的药物，先后研制出氢化可的松、睾酮、雌二醇、黄体酮等甾体激素类药物（图 2-6），使甾体激素成为药物化学研究中一类非常重要的药物。

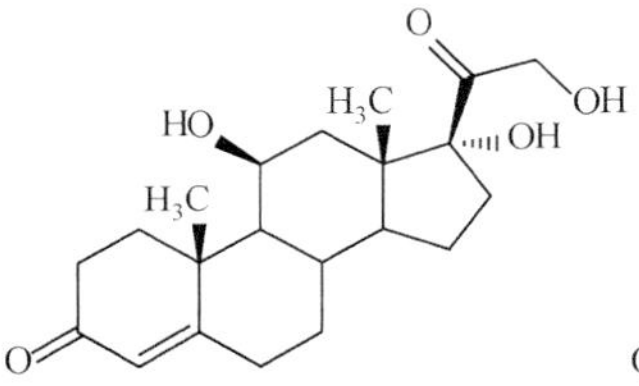
氢化可的松

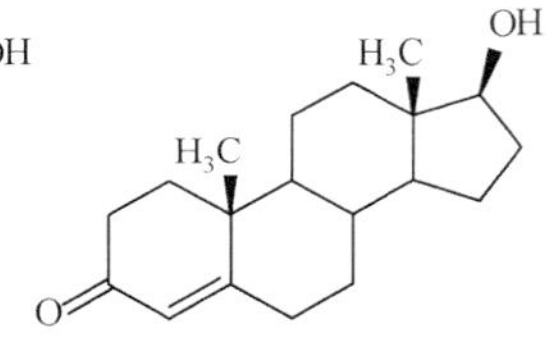
睾酮

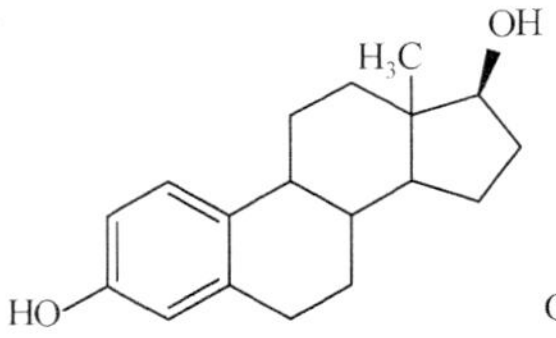
雌二醇

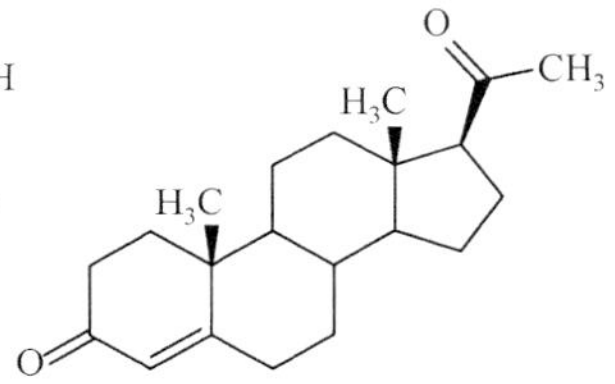
黄体酮

图 2–6　甾体激素类药物

生命科学对生物大分子的结构、功能和活性部位的研究也获得了一定的成果，以酶或受体为靶点进行的药物开发取得了很大进展（图 2-7）。甲氨蝶呤、甲氧苄啶通过竞争性作用于二氢叶酸还原酶的活性位点，抑制二氢叶酸还原酶的活性，阻断了脱氧胸腺嘧啶核苷的生物合成，用于治疗肿瘤或细菌感染等疾病。西咪替丁为第一个上市的选择性组胺 H_2 受体拮抗剂，用于治疗消化性溃疡。麻黄碱能够兴奋 α 肾上腺素受体（简称 α 受体）和 β 受体，同时还能促进肾上腺素能神经末梢释放递质，用于治疗支气管哮喘和过敏性反应及鼻黏膜充血肿胀引起的鼻塞等症状。

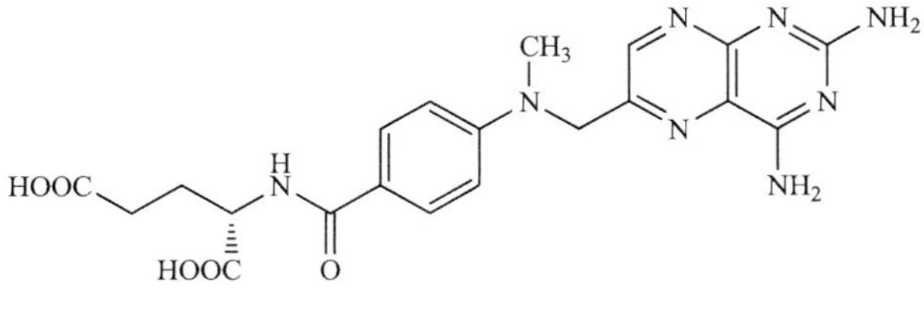
甲氨蝶呤

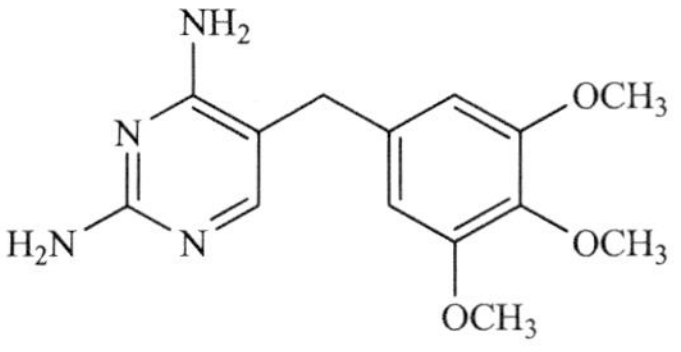
甲氧苄啶

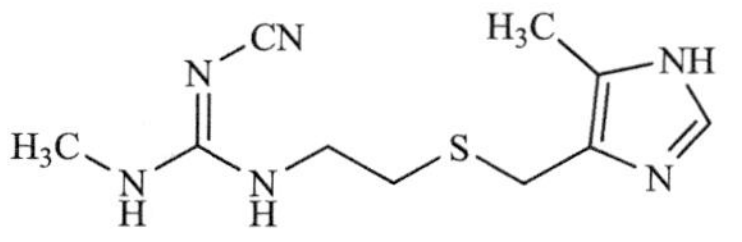

西咪替丁

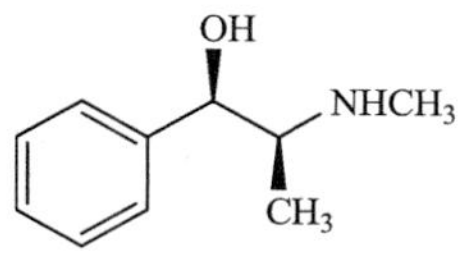

麻黄碱

图 2-7 作用于酶或受体的药物

（四）计算机辅助药物设计的快速发展时期——20 世纪 50 年代至 20 世纪末期

随着新化学药物的发现速度加快，所获得的新化学实体逐渐增加，人们重点研究药物的结构与活性之间的关系，希望从中找出规律来指导新药的设计，由此出现了定量构效关系（quantitative structure-activity relationships，QSAR）的概念。QSAR 是将化合物的二维或三维的结构信息、理化参数和生物活性进行分析计算，通过建立数学模型，研究结构与活性之间的量变规律，为药物设计和结构优化提供理论依据。1964 年 Hansch 和 Fujita 提出了 Hanch 线性多元回归模型；Free 和 Wilson 提出了 Free-Wilson 模型；1976 年 Kier 和 Hall 提出了分子连接指数的方法。这些模型所用的参数大多是由化合物二维结构测得，因此也称二维定量构效关系（2D-QSAR）。在 20 世纪 70 年代后期，通过 2D-QSAR 方法的指导，人们开发了喹诺酮类合成抗菌药诺氟沙星，并在此基础上发现了一大批含氟的喹诺酮类抗菌药物，如环丙沙星、左氧氟沙星等（图 2-8）。

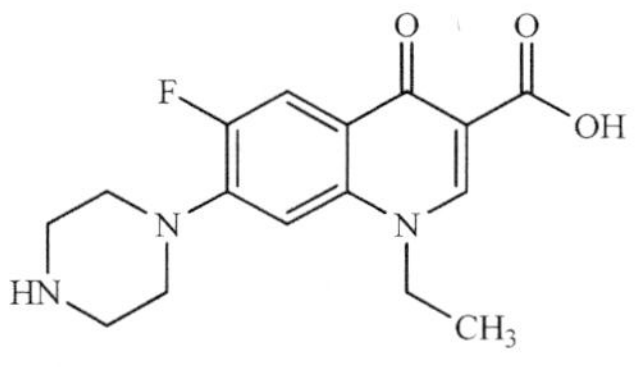

诺氟沙星

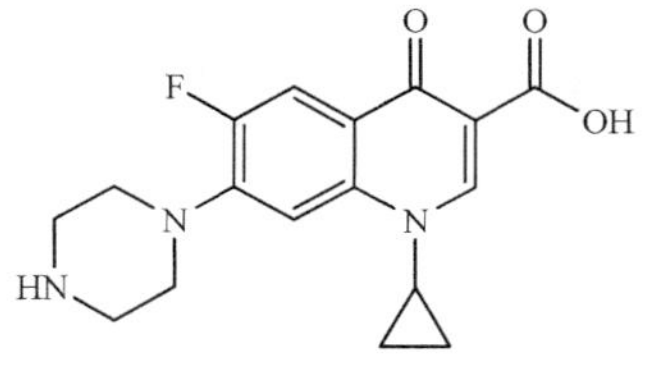

环丙沙星

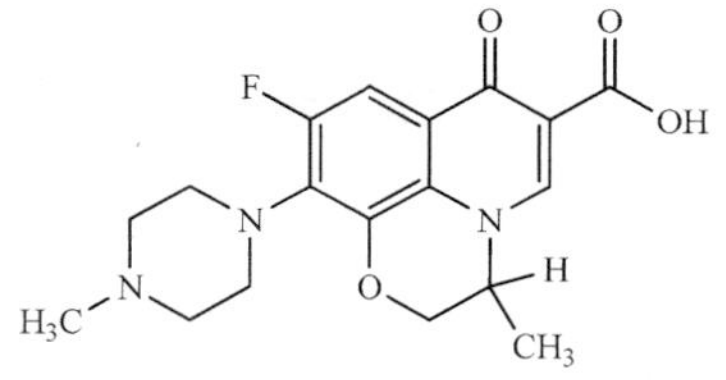

左氧氟沙星

图 2-8 喹诺酮类药物

但是 2D-QSAR 并不能精确地描述药物分子三维结构与生理活性之间的关系。1980 年前后人们又开始探讨基于分子构象的三维定量构效关系（3D-QSAR）的可行性。1979 年，Crippen 提出“距离几何学的 3D-QSAR”模型；1980 年 Hopfinger 等提出“分子形状分析方法”理论；1988 年 Cramer 等提出了“比较分子场方法”（comparative molecular field analysis，COMFA）。COMFA 一经提出便席卷药物设计领域，至今依然是 QSAR 研究的主流方法；20 世纪 90 年代，出现了在 COMFA 基础上改进的“比较分子相似性方法”及在“距离几何学 3D-QSAR”基础上发展的“虚拟受体方法”等新的 3D-QSAR 方法。

同时，生命科学和计算机科学的进步，X 射线衍射和磁共振技术的发展及数据库、分子图形学的应用，为研究药物与体内大分子相互作用的模式、探索构效关系提供了更先进的手段，也促进了计算机辅助药物设计（computer-aided drug design，CADD）的快速发展。CADD 主要以计算机为工具，利用药物分子的结构信息及药物与靶标的结合信息，通过理论计算、模拟和预测来辅助新药的设计，避免药物设计的盲目性。在此基础上，新的药物设计方法不断地被开发出来，如基于结构的药物设计（structure-based drug design，SBDD）、基于机制的药物设计（mechanism-based drug design）、基于靶点的药物设计（target-based drug design）等，可依据药物作用靶点的结构特点进行“量体裁衣”式设计，增强了药物的靶向性，降低药物的毒副作用。

在这个时期，新药研究的另一个特点是药物化学和药理学相互合作，提高了新药研制的效率。一个典型的案例就是非甾体抗炎药吡罗昔康的发现。在当时大多数非甾体抗炎药物都含有羧基，如阿司匹林、吲哚美辛、双氯芬酸钠等，会产生胃肠道刺激不良反应。Pfizer 公司为了得到不含羧基的抗炎药，筛选了不同结构的苯并杂环化合物，发现了苯并噻嗪类药物吡罗昔康。这类药物无羧基，pK_a 为 4～6，所引起的胃肠道刺激反应比常见的非甾体抗炎药都要小。另外一个案例就是药理学研究发现离子通道是药物作用的重要靶标之一。维拉帕米对血管平滑肌细胞的钙通道具有阻滞作用，进一步的研究促进了一系列钙通道阻滞剂的问世，如氨氯地平、硝苯地平等一线治疗高血压的药物（图 2-9）。

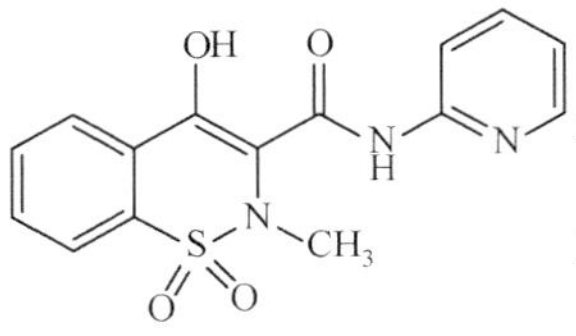

吡罗昔康

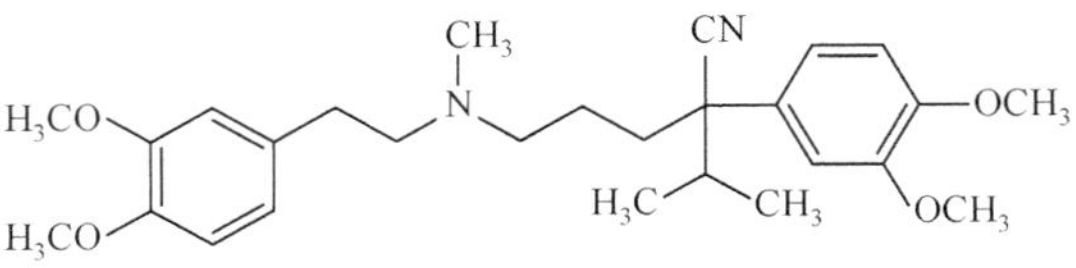

维拉帕米

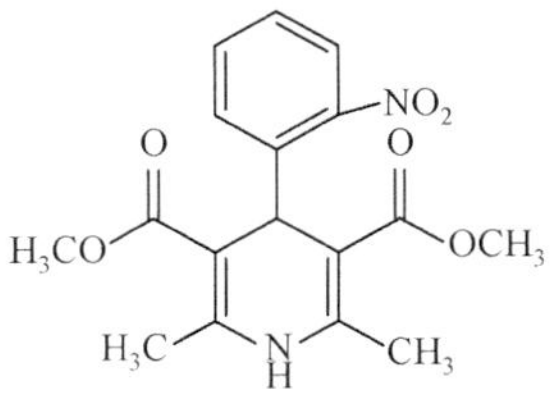

硝苯地平

图 2-9　药物化学和药理学合作开发的药物

（五）药物化学发展的新时代——20 世纪末期至今

21 世纪是知识创新、技术创新和科技进步的时代。特别是生物学科、计算机学科及化学学科的突飞猛进，极力地推动着现代药物化学飞速进步。现代药物化学的前沿领域主要有以下几方面特点。

1. 基于新靶点、新机制的药物开发　分子生物学、化学生物学等生命科学不断地揭示着疾病发生和发展的过程，从而人们更加注重从疾病发生发展的生物学机制出发去发现新药。通过对胃酸分泌过程的认识，获得了组胺 H_2 受体拮抗剂用于治疗胃肠道疾病，如奥美拉唑。通过对肾素-血管紧张素-醛固酮系统在血压调节过程中作用的认识，开发了血管紧张素转化酶抑制剂“普利”类抗高血压药物和血管紧张素Ⅱ受体拮抗剂“沙坦”类抗高血压药物。通过对体内胆固醇生物合成过程的了解，发现胆固醇生物合成的关键限速酶——羟甲基戊二酰辅酶 A（HMG-CoA），使用药物抑制该酶可以达到高效降血脂的目的，由此开发了辛伐他汀、阿托伐他汀等“他汀”类降血脂药物（图 2-10）。

2. 新的药物设计方法加速药物开发过程　结构生物学、生物信息学及计算机技术的发展，使 CADD 的技术更加成熟和高效。在已知靶点三维结构的基础上，利用计算机手段对含有数十万乃至上百万化学分子的数据库进行搜索，寻找可能与靶标有效结合的小分子。特别是近几年快速兴起的云计算和人工智能也逐渐应用到药物发现中，在药物的吸收（adsorption）、分布（distribution）、代谢（metabolize）、排泄（excretion）和毒性（toxicity）（简称 ADMET）性质预测，从头药物设计和逆合成分析方面已经取得一定进展。此外，基于序列的药物设计、基于片段的药物设计（fragment-based drug discovery，FBDD）、多靶点药物设计等多种药物设计的

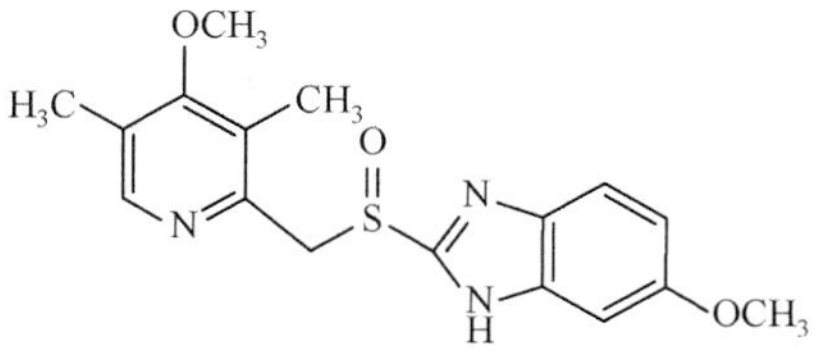
奥美拉唑

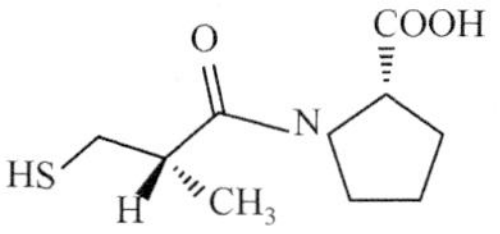
卡托普利

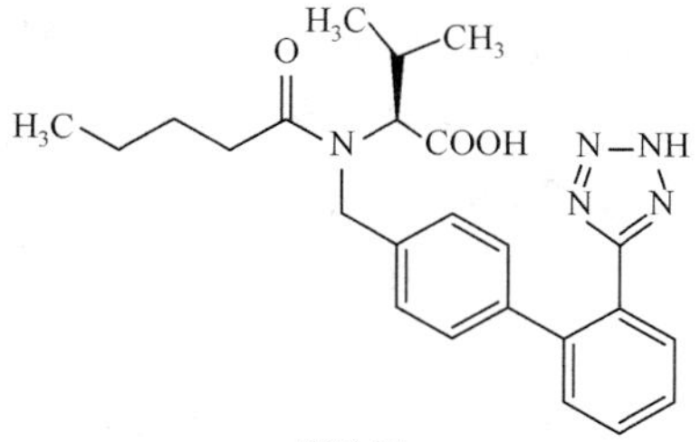
缬沙坦

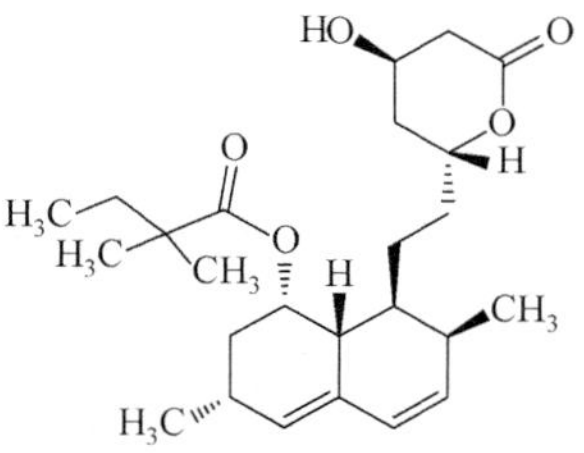
辛伐他汀

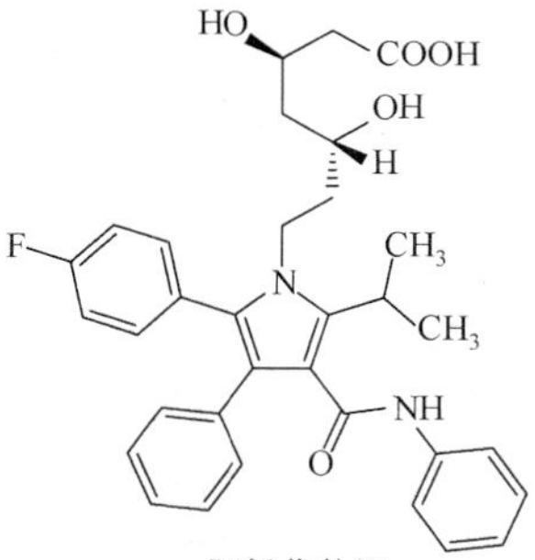
阿托伐他汀

图 2-10　基于疾病发生的生物学机制开发的药物

方法也广泛应用到现代新药的发现过程中，大大地提高了药物开发的效率。

FBDD 是一种将随机筛选和 SBDD 结合的药物发现新方法，首先通过大规模筛选得到低分子量和低亲和力的小分子片段，然后基于靶标的结构信息将片段进行优化或连接，得到与靶标亲和力高且类药性好的新分子。抗肿瘤药物维罗非尼是第一个 FBDD 成功案例，2011 年被美国食品药品监督管理局（Food and Drug Administration，FDA）批准上市（图 2-11）。多靶点药物能够作用于多个靶标，通过调节几个靶标之间的平衡提供更好的疗效和更低的不良反应，对复杂疾病具有显著优势，是现代药物化学研究的新挑战。抗抑郁药最早使用的是三环类药物，后来开发了选择性 5-羟色胺转运蛋白抑制剂，随着对抑郁发病机制的探究，又开发出双重的 5-羟色胺转运蛋白和去甲肾上腺素转运蛋白抑制剂度洛西汀，具有快速起效和药效增强的特点（图 2-11）。

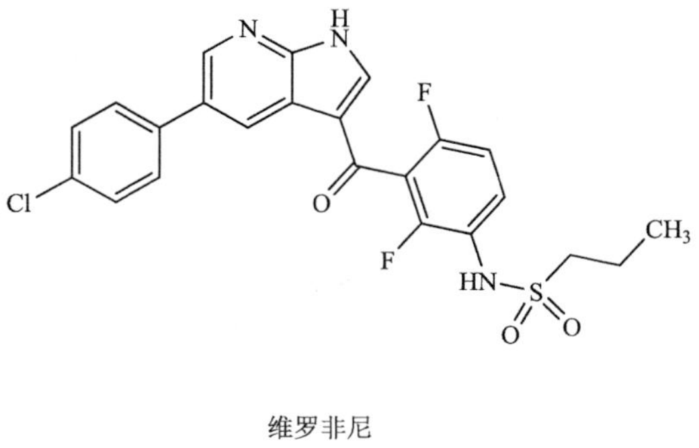
维罗非尼

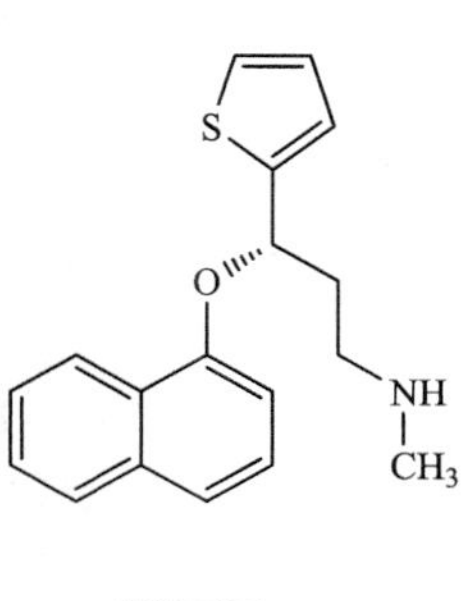
度洛西汀

图 2-11　基于药物设计新方法开发的药物

3. 新的合成与筛选方法加快了先导化合物的发现 20世纪80年代以后，有机合成技术得到了迅速发展。通过组合化学技术，可以在同一时间内合成大量不同结构或不同取代基及取代位置的化合物。另外，生物合成法、固相反应、微波化学合成、光化学的发展也不断提高药物分子合成的效率。新的合成技术同时结合逐渐兴起的合理的药物设计方法，进行新药分子的设计和合成，建立分子多样性化合物库，最后利用高通量筛选技术，可大范围、快速、高效地筛选几十万甚至更多的化学实体，寻找全新活性先导化合物，加快新药设计和发现的速度。

第二节 化学新药的发现过程

一个化学新药从起点到上市大致可分为两个阶段：发现阶段和开发阶段。新药发现阶段是为了寻找可能成为药物的新化学实体。新药的开发阶段则是在得到新化学实体后，通过各种评价实验使其成为可上市的药物。药物化学学科在药物开发过程中起着举足轻重的作用，首先需要药物化学家提供具有活性的化学实体，其次经过一系列开发过程后才能成功上市。

一、药物发现阶段

（一）靶标的选择

靶标的选择和确定是药物化学研究的第一步，也是新药开发的起始工作。生物技术的发展及化学生物学学科的兴起使得许多与临床疾病相关的生物大分子相继被发现，为靶标的选择提供了有力的依据。目前新药开发的靶标主要集中在受体、酶、核酸（DNA 和 RNA）、离子通道及基因等。人们可以利用单晶 X 射线衍射、磁共振等技术获取靶标分子的三维结构，研究靶分子及其与配基的结合方式和结合强度，研究酶或受体与配基结合后产生功能的强度和持续时间，从中获取指导信息，为药物分子的设计提供基础。

（二）先导化合物的发现

在选定靶标之后，接着要寻找对靶标有较高亲和力，能够产生较高活性和选择性的先导化合物（lead compound）。先导化合物是指通过各种途径或方法得到的具有一定生物活性的化合物，可进一步优化而得到供临床使用的药物。

先导化合物可以从天然活性成分、内源性活性物质、药物代谢产物、药物合成中间体等多种物质中发现。1976 年科学家首次从青霉菌的代谢产物中分离出具有抑制 HMG-CoA 还原酶活性的美伐他汀，相继又分离出洛伐他汀和普伐他汀。随后人们将洛伐他汀的内脂环打开，改造后得到了第一个全合成的 HMG-CoA 还原酶抑制剂氟伐他汀（图 2-12）。

当体内的组胺作用于组胺 H_2 受体时，会促进胃酸分泌，胃酸过多时易引起消化性溃疡等胃肠道疾病。以组胺为先导化合物进行结构修饰，发现了 H_2 受体拮抗剂类的抗溃疡药，如西咪替丁（图 2-13）。

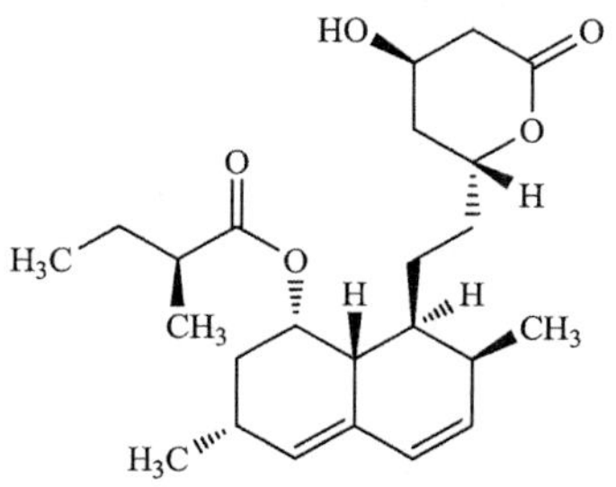

洛伐他汀

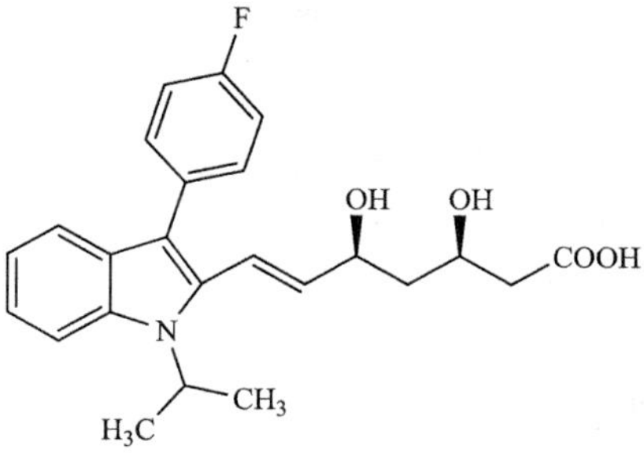

氟伐他汀

图 2-12 “他汀”类调血脂药物的发现

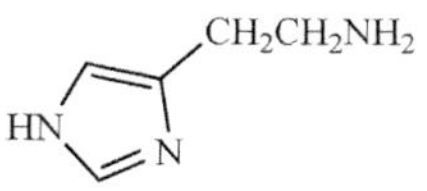

组胺

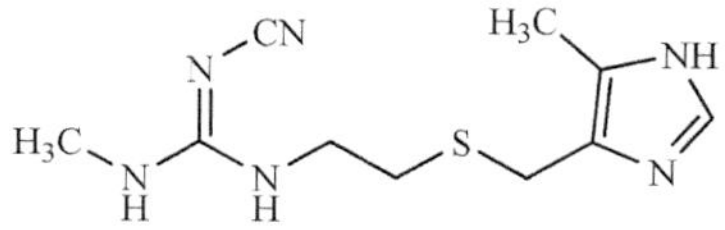

西咪替丁

图 2-13 抗溃疡药西咪替丁的发现

此外，还有许多的先导化合物或新药是通过偶然事件或意外发现的。英国医生 Fleming 发现霉菌污染后的金黄色葡萄球菌遭到溶菌，推测是霉菌的代谢产物对金黄色葡萄球菌有抑制作用，从此揭开了青霉素研究的序幕。普萘洛尔最初是用于研究 β 受体激动剂，却意外发现了其是 β 受体拮抗剂，可用于心血管疾病（图 2-14）。

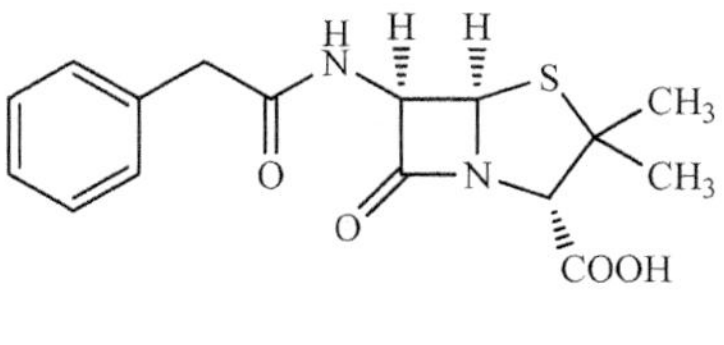

青霉素

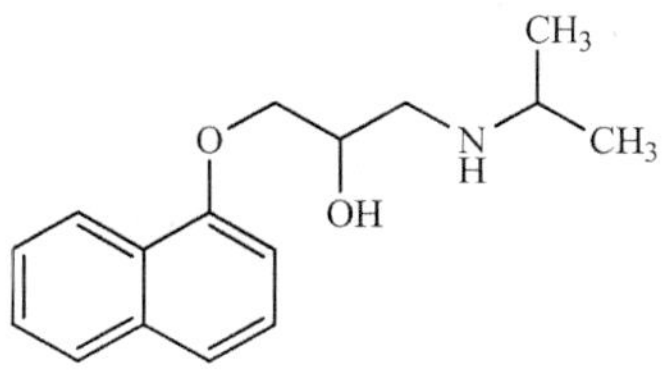

普萘洛尔

图 2-14 随机发现的先导化合物

随着化学生物学、生物信息学及化学信息学的发展，近年来人们开发出许多高效、迅速且低成本的方法和技术来寻找先导化合物。例如，利用 CADD 的筛选技术，对数据库进行搜索寻找全新先导化合物；通过组合化学与高通量筛选相结合，快速合成数目巨大的化学实体并进行活性筛选；利用 SBDD 寻找与受体具有一定亲和力的小的化学片段，经过一定拼合或修饰获得高亲和力的先导化合物；利用反义核苷酸技术开发以核酸为靶点的先导化合物等。这些新技术的广泛应用不但增加了药物设计的合理性，还大大缩短了药物发现的周期，促进了现代药物化学的飞速发展。

（三）先导化合物的优化

理想的先导化合物，不仅要求其具有较高的亲和性、一定的活性和选择性，而且要求其具有较好的生物利用度、化学稳定性、代谢稳定性及最小的不良反应，才能得到有价值的新药。然而，最开始发现的先导化合物往往会存在一定缺陷，需要对先导化合物进行优化。传统的药物化学研究中先导化合物结构优化主要有以下几种方法。

1. 烷基及环的结构改造 采用烃链的同系化原理，对同系物增加或减少饱和碳原子数，改变分子的大小。利用插烯原理减少双键或插入双键，往往得到活性相似的结构。环系是药物分子中常见的结构，通过对环系进行消除、缩小或扩大、开环或闭环等设计可以对先导化合物进行简化或优化。镇痛药吗啡具有严重的成瘾性和呼吸抑制等毒副作用。人们将吗啡的 5 个环系逐步裂开，分别得到了四环、三环、二环、单环等结构简单的合成类镇痛药（图 2-15）。

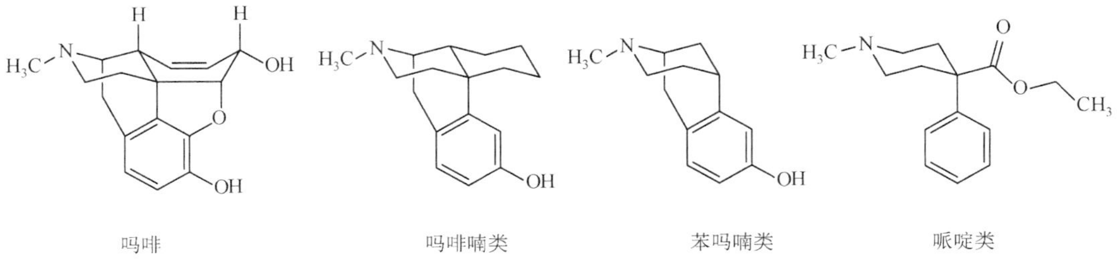

图 2-15 吗啡结构简化

2. 生物电子等排 1925 年 Friedman 提出了生物电子等排原理，用来描述生物领域的等排体。生物电子等排体指一些原子或基团因外围电子数目相同或排列相似，而产生相似或相反的生物活性，并具有相似物理或化学性质的分子或基团。生物电子等排体可分为经典和非经典两大类。经典的生物电子等排体具有相同或相似的外层电子排布，相似的电子密度、形状及大小，如下所示。

一价电子等排体：如卤素、$—NH_2$、$—CH_3$、—OH。

二价电子等排体：如$—CH_2—$、—NH—、—O—、—S—；—C═O、—C═S、—C═NH、—C═C—。

三价电子等排体：如—CH═、—N═、—P═。

在抗肿瘤药物研究中，将尿嘧啶 5 位的 H 用其生物电子等排体 F 替代，得到抗肿瘤药氟尿嘧啶（图 2-16）。

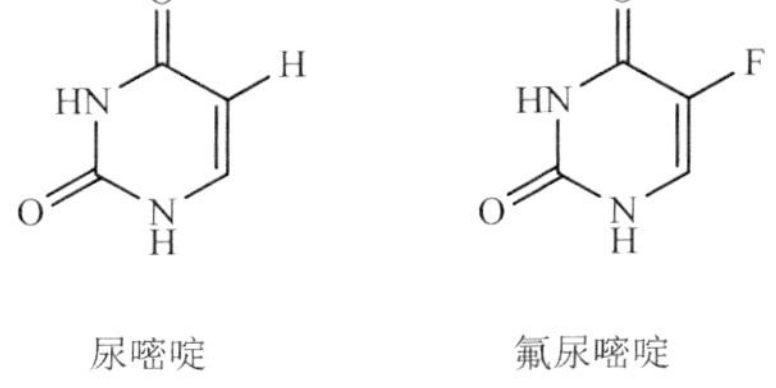

图 2-16 抗肿瘤药氟尿嘧啶的发现

非经典的生物电子等排体为一些不符合电子等排体的定义，但是在相互替代时同样可以产生相似或拮抗活性的物质，常见的有—CH═CH—、—S—、—O—、环与非环结构、官能团的翻转等。

3. 前药、软药和孪药 前药是指一类在体外无活性或活性较小，在体内经酶或非酶作用，释放出活性物质而产生药理作用的化合物。利用前药原理修饰先导化合物，并不能增加其活性，但是可以优化药物的成药性，如改善药物的理化性质，提高药物对靶标的选择性，改善药物在体内的吸收、分布、转运与代谢等过程，延长药物作用时间，提高生物利用度，改善不良气味，增加水溶性等。前列腺素 E_2 的化学性质不稳定，在其 C-9 位的羰基进行修饰制备成缩酮类前药，稳定性增加，口服后释放出前列腺素 E_2。氟奋乃静用于治疗精神分裂症，但是作用时间仅一日，若利用其分子中的羟基，制成庚酸酯可持续药效 2～4 周，适合长期用药（图 2-17）。

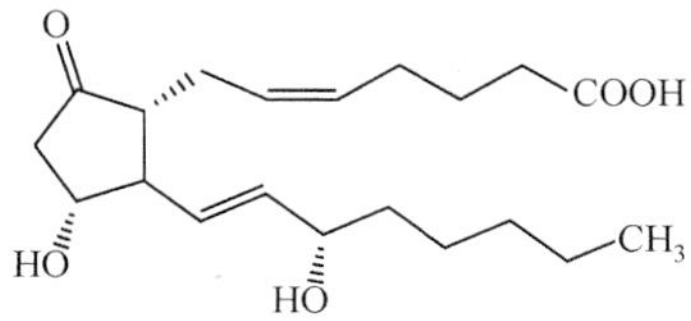

前列腺素E_2

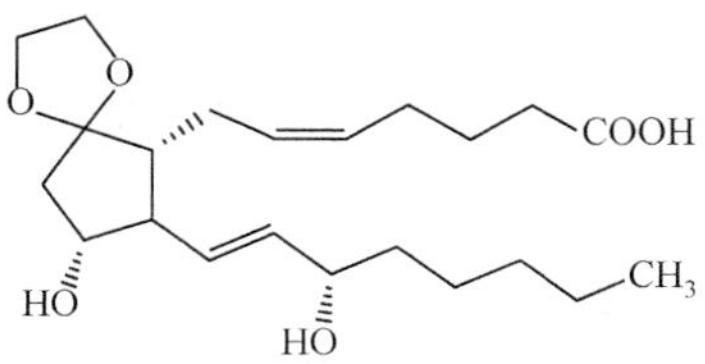

前列腺素E_2缩酮前药

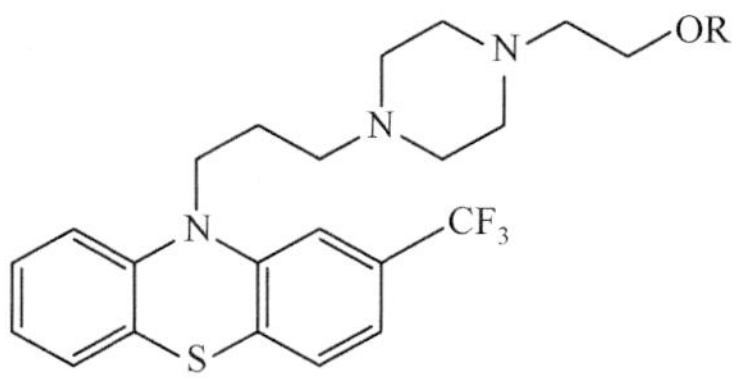

氟奋乃静R=H
庚氟奋乃静R=$CO(CH_2)_5CH_3$

图 2–17 前列腺素 E_2 的前药改造

软药是一类本身具有生物活性的药物，在体内产生作用后，经人为设计的可预料和可控制的代谢途径，生成无毒和无药理活性的代谢产物，用以开发安全而温和的药物。孪药是将两个相同或不同的先导化合物或药物，经共价键连接，组合成一个新的分子，经体内代谢后，产生两种具有协同作用的药物，结果是增强活性或产生新的药理活性或提高药物选择性。阿司匹林和对乙酰氨基酚均具有解热镇痛活性，将二者酯化后得到贝诺酯，具有协同作用，既解决了阿司匹林对胃的刺激作用，又增强了药效（图 2-18）。

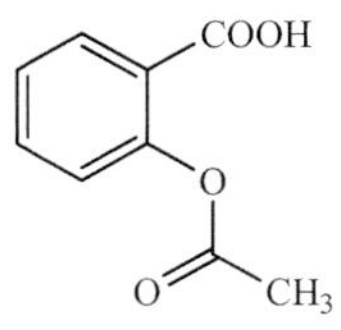

阿司匹林

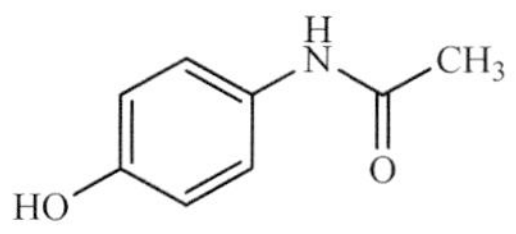

对乙酰氨基酚

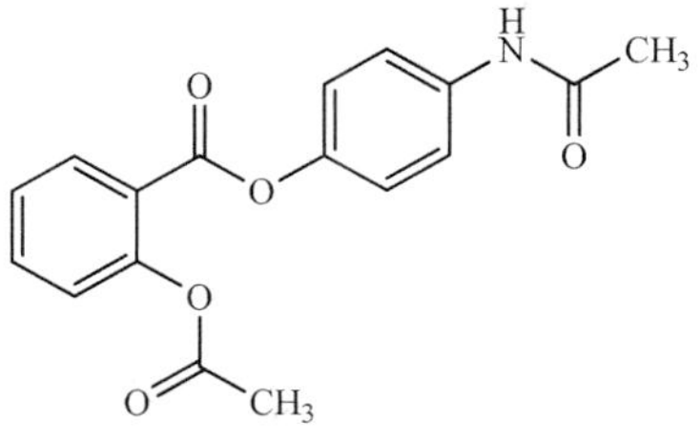

贝诺酯

图 2–18 基于孪药策略开发的贝诺酯

二、药物开发阶段

新药的开发阶段是居于新药的发现研究和市场化之间的重要过程。在完成先导化合物的优化及一定的生物学研究之后，选择具有最佳药效、最小不良反应、较好的生物利用度及稳定性的新化学实体进入药物开发阶段。这一阶段主要分为两个部分，即前期开发和后期开发。

前期开发主要包括药物工业化制备及工艺研究、临床前各类研究、有选择的Ⅰ期临床研究和早期的Ⅱ期临床研究。工业化制备及工艺研究是新药开发的重点，其关键是要能制备出稳定的、可程序化大批量生产的药品，以供临床前和临床研究使用。临床前的各类研究主要包括在动物水平对药物药效学的进一步评价、药物代谢动力学（简称药动学）和药物毒理学的评价。

后期开发主要涉及大量的临床研究工作及临床数据的整理。临床研究是在人体上进行的，以确证新药的安全性和有效性，同时决定给药途径和使用注意事项。在完成了所有的研究后，研发机构或制药公司将研究资料整理后向所在国家的管理部门提出新药申请，需要数月或数年获得批准后才可能上市。

第三节　药物的化学结构与生物活性

一、药物的理化性质与生物活性

药物的化学结构决定了其自身的理化性质，如亲脂性、分子量、酸碱度、解离常数、溶解度、透膜性、化学稳定性、氧化还原电势、光学性质等。这些理化性质与药物发挥活性密切相关。

化合物进入非极性脂质层和水相层中的趋势称为亲脂性，用脂水分配系数（$\log P$）表示。药物的亲脂性直接影响到药物的透膜性、吸收、分布、血浆蛋白结合能力、代谢、消除和毒性。一般情况下，随着脂溶性的增大，药物的吸收性提高，达到一定值后则会导致吸收性的降低，呈近似于抛物线的变化规律。

药物的酸碱度和解离常数对药物发挥其活性有着重要影响。化学药物多数具有弱酸性（20%）或弱碱性（75%）。解离常数（pK_a）表示化合物的可离子化能力。通常药物以非解离形式被吸收，进入细胞后呈解离形式发挥作用。根据 pK_a，可以初步确定药物在胃和肠道中的吸收情况：弱酸性药物，如水杨酸和巴比妥类药物在胃液中几乎不解离，易在胃中吸收；弱碱性药物如茶碱、地西泮等在胃中主要呈解离形式，很难吸收，而在肠道中基本上是以未解离型药物存在，容易吸收（图 2-19）。

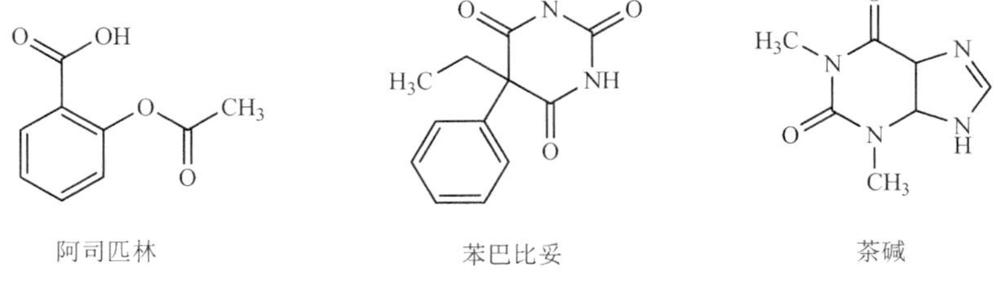

图 2–19　具有弱酸性或弱碱性的药物

溶解度直接影响药物的成药性及有效性。在药物以口服剂型服用后，固态的药物要经历崩解、溶解，扩散至胃肠道上皮细胞的表面，然后被吸收进入循环系统。药物溶解的越多被吸收的也就越多。在抗病毒药物茚地那韦的设计中，先导化合物 L-685434 在体外的酶和细胞筛选中都有较好的活性，但由于溶解度差，口服给药几乎没有活性。引入可离子化的哌嗪基团后，水溶性得到提高，口服生物利用度达到 60%，成为抗病毒药茚地那韦（图 2-20）。

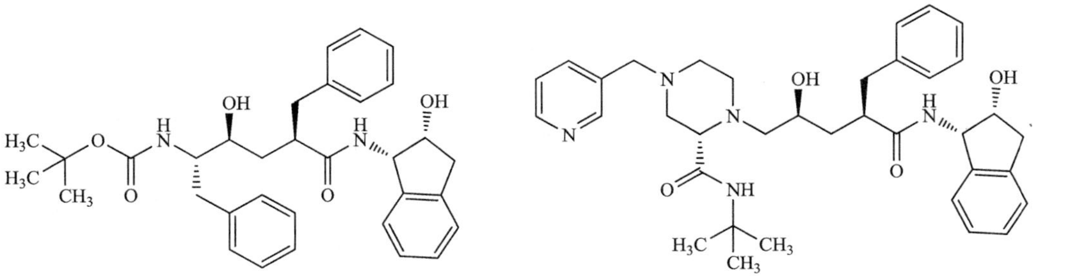

L-685434　　茚地那韦

图 2-20　提高药物溶解度开发抗病毒药茚地那韦

Lipinski 在总结了大量具有成药特性的口服化合物的理化性质基础上，提出的“类药五原则”，是口服药物成药性与理化性质的具体阐述，也是药物化学经典理论之一。当一个化合物具有如下性质时，更有可能成为口服药物：①分子量小于 500；②氢键给体数目小于 5；③氢键受体数目小于 10；④脂水分配系数小于 5；⑤可旋转键的数量不超过 10 个。

二、药物的分子结构与生物活性

药物的药理活性主要依赖于分子的整体性，但是一些特定的官能团可使整个分子结构和性质发生变化，从而影响药物与受体的结合及药效。研究药物化学结构与生物活性之间的关系被称为构效关系（structure-activities relationships，SAR）。对多数药物而言，其化学结构与活性相互关联，药物一般通过与机体细胞上的靶标结合发挥药效，药物的化学反应性，官能团分布、形状和大小及立体排列等都须与受体相适应才能发挥最大药效。

药物分子中常见的官能团主要有烃基、卤素、羟基、巯基、磺酸基、羧基、氨基、酰胺和酯等结构。基于大量的药物研发实例，人们初步总结出这些官能团对药物一些共性的影响，如在分子中引入烃基增加药物与受体的疏水结合；在药物中引入卤素可影响药物分子的电荷分布，增强与受体的电性结合；引入羟基、巯基、磺酸基或羧基可以增加药物分子的水溶性，同时可能会通过氢键或离子键等作用力增强药物分子与靶标的结合强度；含氨基和酰胺的药物能与生物大分子形成氢键，易与受体结合，常显示出很好的活性；羟基或羧基成酯后的药物的生物活性与原药有较大区别，酯类药物常常是为延长作用时间而设计的前药。

喹诺酮类药物是一类具有 1, 4-二氢-4-氧代喹啉-3-羧酸结构的合成抗菌药，对革兰氏阴性菌（G^-）和革兰氏阳性菌（G^+）均有作用，其作用强弱取决于化学结构。在其基本骨架上，共有 8 个位点，在不同位点引入上述各种官能团时，不同化合物对革兰氏阴性菌或革兰氏阳性菌的抑制活性、药物代谢性质、毒性、作用时间均会发生显著改变（图 2-21）。

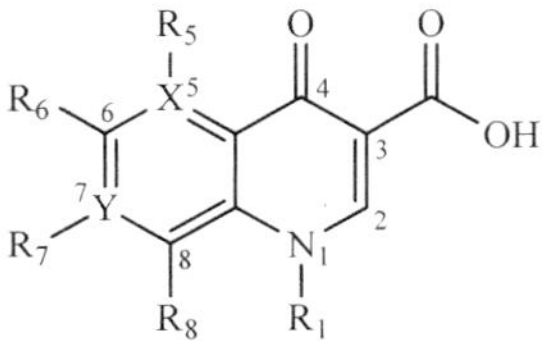

图 2-21 喹诺酮类药物的构效关系

第四节 化学药物开发实例

一、磺胺类药物的发现

磺胺类药物是一类具有对氨基苯磺酰胺结构的合成抗菌药。1932 年，Domagk 在研究偶氮染料的抗菌作用时，发现 2′, 4′-二氨基偶氮苯-4-磺酰胺的红色染料可以有效杀灭细菌并没有不良反应，后来该化合物以百浪多息为商品名用于临床，Domagk 也因这一发现获得了 1939 年的诺贝尔生理学或医学奖。人们进行构效关系研究时，发现只有含磺胺基团的偶氮染料才具有抗菌作用，因此推测百浪多息在体内偶氮键断裂分解产生的对氨基苯磺酰胺是产生抗菌活性的主要基团。因此开始对对氨基苯磺酰胺进行研究，发现其在体内、体外均具有抑菌作用。随后对服用百浪多息的患者进行药物代谢成分的研究，进一步确证对氨基苯磺酰胺才是这类化合物有效的基本结构，由此对磺胺类药物的研究得以迅速发展。到 1946 年共合成了 5500 余种对氨基苯磺酰胺类磺胺衍生物，其中有 20 余种在临床上得以应用，如磺胺嘧啶、磺胺醋酰等（图 2-22）。到了 20 世纪 50 年代，磺胺类药物的研究目的更倾向于改善磺胺类药物的溶解度，减轻对肾脏的损害和降低不良反应，发现了中效乃至长效的磺胺药物，如磺胺甲氧嗪、磺胺甲氧嘧啶、磺胺甲唑等。

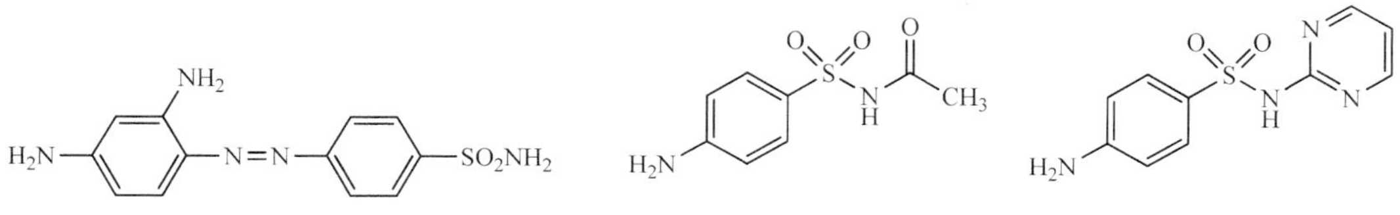

百浪多息　　磺胺醋酰　　磺胺嘧啶

图 2-22 磺胺类药物

磺胺类药物作用机制：经研究发现，磺胺类药物能与细菌生长所必需的对氨基苯甲酸（para- amino benzoic acid，PABA）产生竞争性拮抗，干扰了细菌对 PABA 的利用，从而抑制了细菌的生长和分裂。这一作用机制的发现开辟了代谢拮抗学说，设计与生物体内基本代谢物结构上有某种相似程度的化合物，使之与基本代谢物竞争性或干扰基本代谢物利用过程，或掺入到生物大分子的合成中形成伪生物大分子，导致致死合成，从而影响细胞的生长（图 2-23）。

对氨基苯甲酸　　　　磺胺类药物

图 2-23　磺胺类药物与对氨基苯甲酸的结构

磺胺类药物的发现与应用在药物化学史上是一个重要的里程碑，不仅为人类提供第一类预防和治疗细菌感染的药物，而且奠定了化学治疗的理论基础，开创了代谢拮抗学说。根据磺胺类药物不良反应又发现了具有磺胺结构的利尿药和降血糖药，提示人们从药物不良反应出发开发新药。

二、降血压药物氨氯地平的研发

地平类药物是熟知的抗高血压药物，也是目前临床高血压治疗的一线用药。地平类药物属于钙通道阻滞剂，通过扩张外周血管平滑肌和舒张冠状动脉来达到降血压的治疗目标。在氨氯地平发现之前，这类药物只有少数的几个已经上市或处于临床研究阶段，如硝苯地平和尼卡地平，主要的结构特征为取代的二氢吡啶（图 2-24）。

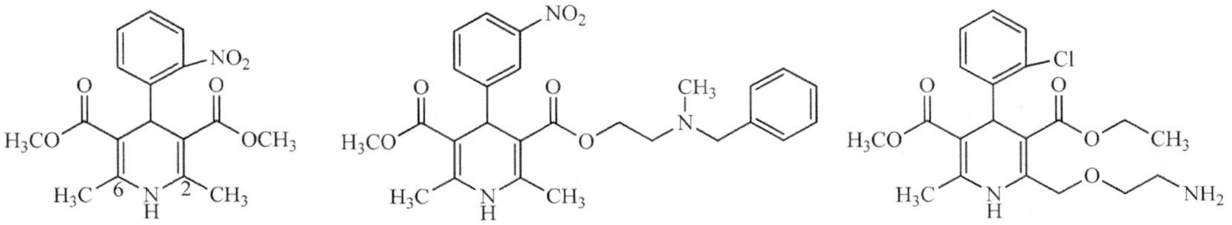

硝苯地平　　　　尼卡地平　　　　氨氯地平

图 2-24　地平类钙通道阻滞剂

辉瑞公司同样启动了研发新的地平类钙通道阻滞剂项目，在项目最初就设定了目标：保持或提高药物的活性；提高药物生物利用度；延长药物作用时间；提高化合物的水溶性和吸收性。为了提高药物的水溶性和吸收性，需要在分子中引入碱性基团，然而，当时已经报道的构效关系表明二氢吡啶 2 位优选为甲基或小的烷基，3 位引入碱性侧链会导致不利的首过效应。辉瑞公司大胆地挑战了已有的构效关系，在 2 位用胺烷基替换甲基，通过变换 3 个位置的基团调整碱性和亲脂性，优化活性和理化性质，最终发现了氨氯地平。

氨氯地平尽管属于跟随性研制的钙通道阻滞剂，却由于突破了 2, 6 位必须是二甲基的固有观念，用胺烷基替换其中一个甲基，获得了良好的结构，不仅改善了药物的理化性质和代谢性质，还由于长链的末端氨基有利于与靶标的结合，赋予分子以独特的性质，使该药活性更高，作用时间更长，最终成为“重磅炸弹”式药物，直至今日依然是高血压临床首选用药。

三、抗炎药艾瑞昔布的发现

艾瑞昔布是我国研制的抗炎镇痛药物，项目启动于 1997 年，研制期间遇到了罗非昔布的撤市和全球对环氧合酶（COX）靶标可药性的质疑，但是艾瑞昔布成功地躲过了这一劫，于2011年批准上市，历时14年，是改革开放以来研发创新药物较早的一个。

COX-2是伴随炎症的诱导性酶，制药界认定是研制抗炎药物的有效靶标，欧美大型制药企业纷纷研制选择性COX-2抑制剂，其中走在前列的是辉瑞公司的塞来昔布和默克公司的罗非昔布（图2-25）。

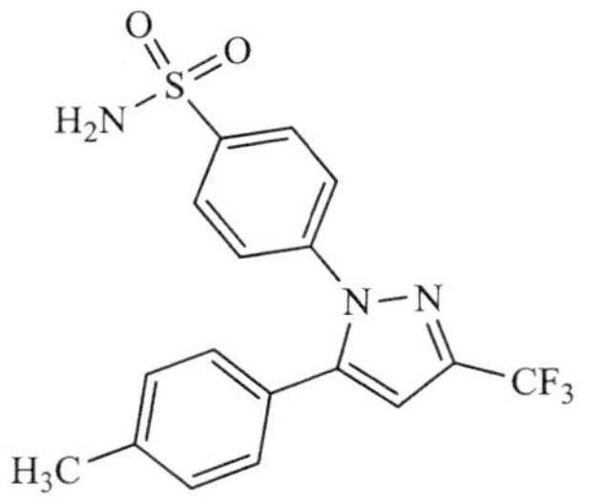

塞来昔布

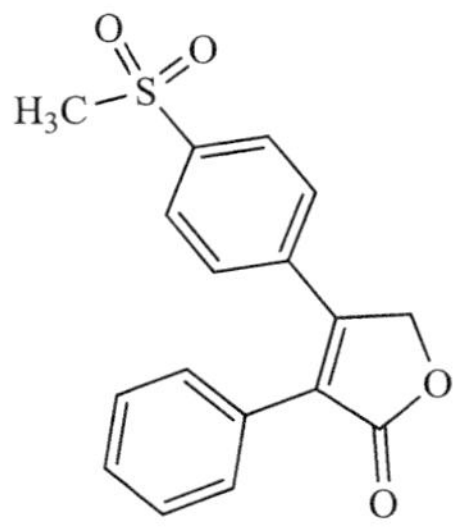

罗非昔布

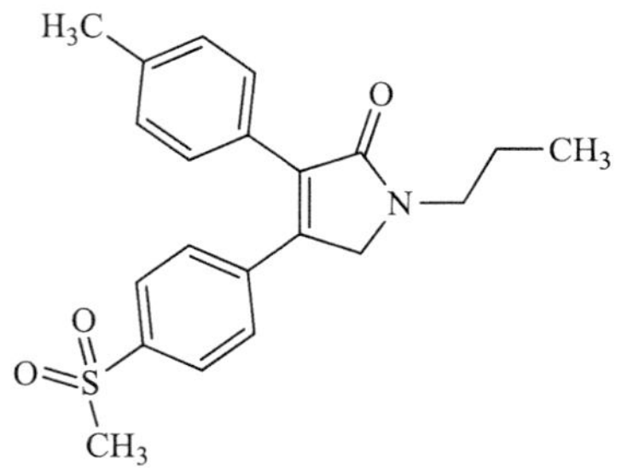

艾瑞昔布

图2-25 选择性COX-2抑制剂

艾瑞昔布的研发过程中应用了药效团和骨架迁越等先进的药物化学理念。在艾瑞昔布研发之初，塞来昔布和罗非昔布已经处于临床III期研究阶段，也有许多文献和专利报道了选择性COX-2抑制剂，很难寻找创新性的分子结构。我国药物化学家郭宗儒教授利用CADD技术构建了COX-2抑制剂的三维药效团模型，用氢键的受体、氢键的供体、芳香基团来描述COX-2抑制剂在三维空间上的结构特征。基于药效团模型，依据骨架跃迁的原理，优化药物结构的同时保留分子药效团特征的空间分布，并赋予化合物结构的新颖性，研发人员设计合成了三类不同骨架的化合物：芳甲酰芳仲胺类化合物、2, 3-二芳基吲哚化合物、吡咯烷酮类化合物。

最后经过一系列的体内抗炎评价、药动学及安全性的评价，选定了艾瑞昔布为候选药物，经过临床前研究和临床研究，证明艾瑞昔布抗骨关节炎的治疗效果不劣于塞来昔布，于2011年5月经中国食品药品监督管理局批准上市。

思 考 题

1. 药物化学的主要任务是什么？
2. 什么是先导化合物？通过什么途径可以发现先导化合物？
3. 简述化学新药创制的基本过程。
4. 为什么说磺胺类药物的研发对药物化学发展具有重要的意义？

（杨 侃）

第三章　药　理　学

第一节　药理学的发展简史与应用

药物的历史可追溯到五六千年以前，古时人们便从生产生活中积累了丰富的医药实践经验，并对经验加以整理记载，现存最早如中国的《神农本草经》，古埃及的《纸草书》。现代药学伴随着化学、物理学、生物学、解剖学和生理学的迅速发展及相互融合，获得了极其快速的发展。其主要标志就是学科分工越来越细，自 20 世纪以来，早期没有分科的内容，因科学技术的发展，已先后发展成为独立的学科，从药学中分离出去，同时又与其他学科相互渗透成为新的边缘学科。尤其是受体学说的出现和基因工程的创立，是药学事业发展新的飞跃。

一、药理学发展史简介

药理学（pharmacology）的建立和发展与现代科学技术的发展密切相关，人们关于药物的学习与认知长期停留在药物学的阶段。近代药理学产生于 19 世纪初，随后在化学和实验生理学发展的基础上，继续发展了实验药理学、器官药理学，为现代药理学的发展打下了良好的基础，无数研究的新成果及由之出现的新概念，使现代药理学的研究深入到微观世界。现代药理学的研究内容已从原来的药理作用和作用机制研究扩大到药物代谢与药动学、毒理学、药物构效关系和药物依赖性研究。

（一）药物学阶段

远古时代人们为了生存从生活经验中得知某些天然物质可以治疗疾病与伤痛，如饮酒止痛、大黄导泻、柳皮退热等。这些民间医药实践经验被整理成本草，如在公元 1 世纪前后我国的《神农本草经》及埃及的《埃伯斯医药籍》、明朝李时珍的《本草纲目》等，特别是《本草纲目》是我国传统医学的经典著作，全书共 52 卷，约 190 万字，收载药物 1892 种，插图 1160 帧，药方 11 000 余条，书中使用了较为科学的药物分类法，同时具有每种药物分列释名、集解、正误、修治、主治、发明等项。在国际上有多种文字译本流传，该书在药物发展史上做出了巨大贡献，至今仍然是医药领域的重要参考书。

（二）实验药理学阶段

19 世纪初，德国 R. Buchheim 在实验生理学基础上建立起系统药理学研究方法，他建立了第一个药理实验室，写出第一本药理学教科书，也是世界上第一位药理学教授，使药理学成为一门独立的学科。R. Buchheim 的学生 O. Schmiedeberg 开始研究药物的作用部位，逐渐使实验药理学发展为器官药理学，突出成就是研究植物药物和从原来具有治疗作用的植物来源药物中分离得到的有效成分的药理作用，并为受体学说的建立奠定了基础。受体学说是英国生理学家

J. N. Langley（1852～1925 年）提出的药物作用学说，现已被证实是许多特异性药物作用的关键机制，这一学说被认为是生物医学研究发展史上的里程碑。受体理论不断地完善，也成为推动药理学发展的强大动力。

（三）现代药理学阶段

20 世纪 30～50 年代是现代药理学新药发展的黄金时代。现在临床上常用的几大类药物，如磺胺类药物、抗生素、合成的抗疟药、抗组胺药、镇痛药、抗高血压药、抗精神失常药、抗癌药、激素类药物及维生素类药物中的许多药物是在这一时期研制开发的。

20 世纪中叶起自然科学技术蓬勃发展，生理学、生物化学、细胞生物学、分子生物学的进展，使实验医学有了重大突破。实验医学发展的动物模型，为实验药理学提供了新的研究方法和技术，使得随着有机化学发展而来的大量对天然有效成分进行分子结构改造的化合物及新合成的化合物得以在实验动物模型上进行筛选，开创了新药发展的黄金时代。这一阶段药理学的发展，主要为新药研究与开发提供了理论、技术和方法，使得人们能对药物进行广泛的筛选和研究药物作用机制。

药理学在众多学科共同发展、相互渗透、分化融合中也逐渐完善了自身的发展，药理学分支学科已从原来的系统药理学、器官药理学扩大到临床药理学、遗传药理学、老年药理学、围产期药理学、时间药理学、行为药理学、社会药理学、心血管药理学、神经药理学、生化药理学、分子药理学、内分泌药理学、生殖药理学、免疫药理学、肿瘤药理学和中药药理学。其中生化药理学和分子药理学的发展把药理学中对药物作用原理的研究从宏观引入微观，即从原来的系统、器官水平进入到细胞、亚细胞及分子水平。

现代药理学的发展与现代科学技术的发展密切相关，如高效液相色谱（high performance liquid chromatography，HPLC）、气质联用、液质联用等药物检测手段的出现，使研究者对药物的认识从定性向定量飞跃，定量药理学与药物代谢检测相结合产生的药动学指导临床用药，使临床从经验处方治疗转变为理性治疗；毛细管电泳及手性高效液相色谱技术的发展，使得常规分析方法用于研究手性药物对映体的药动学、药效学和毒理学时的误导作用得以避免，为临床合理使用手性药物和研制开发新手性药物提供科学依据，促进了手性药理学的全面发展和深入研究；特别是分子生物学等技术，使得许多神经递质、激素和许多药物的受体蛋白分子被纯化、克隆，作为细胞信息传递第一站的特异受点的理化结构被鉴别；计算机的现代数学处理也使实验结果更为确切和切合实际，为对细胞信息传递的进一步研究打下基础和提示方向。

这些领域的新理论和新技术都可为药理学所用，从而促进了现代药理学的成长和发展。

二、药理学在新药研发中的应用

新药（new drug）是指化学结构、药品组分或药理作用不同于现有药品的药物。根据 2019 年 3 月 2 日修订的《中华人民共和国药品管理法实施条例》，新药系指未在我国上市销售过的药品。对已上市药品改变剂型、改变用药途径、增加新的适应证的药品，不属于新药，但药品注册按照新药申请的程序申报。

新药研究过程主要包括临床前药理（pre-clinical pharmacology）研究和临床试验（clinical）研究。

（一）临床前药理研究

临床前药理研究是能否进入临床试验研究的前提条件，包括新药的筛选及药效比较研究、药动学研究、药物安全性评价、毒物代谢动力学研究等。具体内容如下所示。

1. 新药的筛选及药效比较研究　药理筛选是寻找新药的基础工作，通过特定设计的实验筛选出在某一方面有效而又毒性较小的药物，以供药效比较研究。在新药筛选过程中，除了定向筛选外，还应重视普遍筛选，以增加发现有潜在药理学活性样品的可能性。由于药物作用类型的不同，作用机制的不同，需要运用不同的药理学方法和实验模型去研究。它以实验为基础，按一定的方案进行实验，用实验结果说明新药的作用特点或作用规律，如所具有的药理作用，与疗效相关的药理作用表现之处，其作用的强度及有无量效或时效关系等，从而为新药评价提供科学的依据。

2. 药动学研究　是近二三十年发展起来的学科，它研究药物在体内的量变过程规律，采用数学方法定量研究药物在体内的吸收、分布、代谢和排泄的量变特征，发现药物在体内的运转规律，特别是在体内房室中的量变规律，给出有关药动学参数，使新药在临床应用中既安全又有效，为制订临床用药方案提供参考；研究药物疗效和毒性与药物浓度的关系及药物在体内积蓄部位和积蓄程度，如药物对神经系统、心脑血管系统、呼吸系统及其他系统的作用，为药效学研究和毒理研究提供借鉴，为临床合理用药提供依据；通过药动学和生物利用度的研究，探讨新药制剂的吸收规律，提高普通制剂的生物利用度，也可指导缓释或控释制剂的研究及新制剂的设计和改造。

3. 药物安全性评价　药物安全性评价研究即毒理研究。药物安全性评价实验包括以下几方面。

（1）毒性试验，其目的在于确定一次给药的毒性并测定其半数致死量（LD_{50}）。

（2）长期毒性试验，其目的在于确定多次给药后，连续多大剂量、多长时间是安全的。

（3）致突变试验，包括微生物回复突变试验、哺乳动物培养细胞染色体畸变试验和啮齿类动物微核试验，作用于生殖系统药物还需进行显性致死试验，其目的在于确定药物有无致突变作用。

（4）致癌试验，在于确定药物有无致癌作用。

（5）生殖毒性试验，包括一般生殖毒性试验、致畸胎试验和围产期毒性试验，其目的在于确定药物对母体及子代的生殖生育能力有无影响和对仔体有无致畸作用。

（6）药物依赖性试验，其目的在于确定药物有无成瘾性。

（7）局部用药毒性，包括皮肤毒性和致敏试验、局部刺激试验等。

4. 毒物代谢动力学研究　一般包括在毒性研究中的单剂量研究、多剂量研究、组织分布研究、遗传毒性研究等，这是一门新兴的药动学和毒理学结合的学科，在国内目前基本属于空白。其作为临床前药物安全评价实验的另一个组成部分，可以提供毒物代谢动力学参数和比较全身暴露与毒性的关系。这里所谓的“暴露”是用来表达药物浓度和驻留时间的关系，因为药物对机体的作用强度不仅取决于体液中药物浓度的大小，还取决于药物在体内驻留时间的长短。

毒物代谢动力学与药动学（在治疗量下）的不同是在毒性试验条件下研究体内药物浓度的经时过程和代谢变化规律。可通过不同毒性试验中的毒物代谢动力学研究，与不同的毒性研究结果共同为药物的安全性提供评价标准。

药物安全性评价和毒物代谢动力学研究的目的在于评价药物用多大剂量、多长时间是安全的，确定药物的主要毒性反应、毒性靶器官、毒性危害程度、可逆程度及对遗传的影响等，从而为临床确定剂量、疗程、用药注意事项、可能的不良反应和对策提供依据，指导临床用药。

（二）临床试验研究

任何一个药物在进入临床试验研究之前，必须先经上述临床前评价，通过审议论证后，才允许用于临床试验。在大多数国家，新药临床试验分为 4 期，即Ⅰ期、Ⅱ期、Ⅲ期、Ⅳ期临床试验，每期临床试验均有规定的准则和技术要求。

1. Ⅰ期临床试验 首先在人体观察的是药物的安全性，而不是药效，通常在 20～30 名健康志愿者中实施，根据预先规定的剂量，从安全的初始剂量开始，逐步增加给药剂量，以确定人体可以接受的不引起不良反应的剂量，多次试验后，确定适合Ⅱ期临床试验所用的剂量和程序。

2. Ⅱ期临床试验 在较小规模的病例上对药物的疗效和安全性进行临床研究，Ⅱ期临床试验分两个阶段进行。第一阶段是在有对照组（已知药对照和安慰剂对照）的条件下详细考察新药的疗效、适应证和不良反应；第二阶段是在较大范围内对新药进行评价，一般不应少于 200 例，此阶段的研究设计可以根据具体的研究目的，采用多种形式，包括随机双盲法对照临床试验。

3. Ⅲ期临床试验 也称治疗的全面临床试验，在初步确定新药有较好疗效以后，用相当数量的同种病例，与现有的标准药物进行大规模的对比研究，全面评价药物的疗效和安全性，一般在 300 例以上，有的药物要超过 1000 例，其目的是进一步验证药物对目标适应证患者的治疗作用和安全性，评价利益与风险关系，最终为药物注册申请的审查提供充分的依据。

4. Ⅳ期临床试验 为新药上市后的临床观察，也称销售后的临床监视期，考察在广泛使用条件下的药物的疗效和不良反应，评价药物在普通人群或者特殊人群中使用的利益与风险关系及改进给药剂量等。若发现疗效不理想或者不良反应发生率高，即使新药已经上市仍可能被淘汰。

为了更好地控制新药研发过程中的临床风险，使更多的有效化合物能够尽快上市，美国 FDA 在 2006 年发布了探索性研究用新药（IND）研究指导原则，也就是我们所说的临床Ⅰ期前研究，即 0 期临床试验。0 期临床试验是指活性化合物在完成临床前试验后，还未正式进入临床试验之前，允许研制者使用微剂量（一般不大于 100μg，或小于 1%的标准剂量）在少量人群（6 人左右，健康志愿者或者患者）进行药物试验以收集必要的有关药物安全及药动学的试验数据。它的优势一方面在于能够花费相对较少的资金，获取药物的相关数据。如果药物在 0 期临床试验出现安全问题，可以及时调整临床Ⅰ期试验，甚至放弃临床Ⅰ期试验，从而减少不必要的浪费。从另一方面讲，有了 0 期临床试验的药动学和安全性数据，可以更加科学地制订临床Ⅰ期试验的方案，从而加快药物后期的临床试验速度，进而加快药物上市速度。在风险控制方面，0 期临床试验研究由于剂量很低、受试者数量少、给药时间短，可能带来的临床试验风险也较小。

第二节　药理学基本概念与研究内容

一、基本概念

药理学是研究药物（drug）与生物体（organism）之间相互作用的规律和机制的学科。

生物体包括机体（body）和病原体（pathogen）。药理学研究的对象主要是人和动物，其次是病原体。值得注意的是有些时候药物同毒物难以严密区分，所以药理学实际上也以毒物为研究对象。药理学中关于医药治疗方面的应用为药物学，以毒物为研究对象的为毒物学（toxicology）。

药理学是连接基础医学与临床医学、医学与药学、化学和生命科学的桥梁学科。药理学通过临床观察和动物实验，在严格控制的条件下对人、动物及病原体进行各种指标的观察和测定、分析结果、发现规律和阐明原理，为防治疾病合理用药提供基本理论、基本知识和科学的思维方法。

药理学是一门实践性很强的学科，根据研究对象不同分为基础药理学和临床药理学。基础药理学以动物为研究对象，其研究方法包括以下几种。①实验药理学方法，以清醒或麻醉的健康动物为研究对象，研究药物在动物体内和体外的药物效应、毒性反应和药物代谢情况。②实验治疗学方法，以病理模型动物为研究对象，观察药物治疗疾病的情况、毒性反应和药物代谢情况。临床药理学是以人为研究对象，采用临床药理学方法，以健康志愿者或患者为研究对象，研究药物的效应、不良反应、代谢过程、药物相互作用并进行药物的疗效和安全性评价，促进新药开发，推动药物治疗学发展，确保合理用药。

现代药理学的进展在于药理学理论的发展，无数研究的新成果及由之出现的新概念，使现代药理学的研究深入到微观世界，不是局限于系统、器官水平，而是可以深入到细胞、亚细胞、分子和量子水平，尤其是近二三十年来，分子生物学、细胞生物学、微生物学、生物化学和生理学等的迅速发展，以及同位素技术、电子计算机技术、各种色谱技术和生物工程技术等不同领域的新技术在药理学研究中的广泛应用，很好地促进了现代药理学的成长和发展，对于根据不同的研究目的分离提纯得到所需的受体和细胞产物、寻找药物的作用靶点、阐明药物作用机制、建立筛选模型、新药的开发研制、发现先导化合物等具有重要意义。

二、药理学研究内容

（一）药动学

药动学（pharmacokinetics）研究药物对机体的作用，包括药物的药理作用、作用机制等，主要研究内容为两部分：一是药物的体内过程，包括吸收、分布、代谢和排泄四个基本过程；二是体内药物浓度随时间的变化规律及其影响因素。前者主要定性地描述药物在体内的变化过程，后者主要以数学公式定量地描述药物随时间改变的变化规律。

（二）药效学

药效学研究药物对机体的作用，包括药物的药理作用、作用机制等，即研究机体在药物影响下发生的生理、生化变化及其机制。药效学的研究为临床合理用药、避免药物不良反应和新药研究提供依据，也为促进生命科学发展发挥重要作用。

影响药效学和药动学的因素主要来自两方面，机体的影响和药物的影响。机体方面如年龄、性别、遗传因素等；药物方面如药物的溶解度、给药途径、剂型等。探讨各种因素对药物效应的影响，了解和掌握这些影响因素的作用规律可以更好地发挥药物的效应，取得最佳治疗效果，为临床合理用药提供理论依据。

三、药理学的学科任务和特点

药理学的学科任务：①阐明药物作用机制、改善药物质量、提高药物疗效，为临床合理用药提供理论依据；②开发新药，发现药物新用途；③为其他相关学科的研究提供重要的科学资料，推动生命科学的发展。

学科特点：①基础与临床结合，药学与医学结合。药理学以医学基础学科（生理学、生物化学、病理学、病原微生物学、病理生理学、解剖学）为基础；为临床各科用药奠定基础；以药学为背景，联系医学与药学，有桥梁课之称。②理论和实践结合，在理论指导下进行临床实践。③科学与法律、法规相结合。药物从研究到应用除了尊崇科学规律以外，还必须要遵照法律、法规，更好地、合法地、完善地满足公众健康医疗需求。

四、药理学应用的主要方法与技术

药理学是阐述药物分子与生命体之间相互作用的一门学科，与其他药学学科、生命学科及临床各学科有着广泛而密切的联系，生物学和医学领域取得的很多理论和研究技术方法均可结合药理学的学科需要为药理学研究所用。

现代药理学研究的内容千差万别，究其思路不外两类：一是确定研究对象，然后采用不同的方法去证明或否定其工作假说；二是建立某一特定技术，然后试用不同的对象，以寻求规律性的东西。但不管采用哪一种研究方式，技术方法都是至关重要的，是从必然王国走向自由王国不可忽视的工具。

现代药理学研究方法有如下几方面特点。

一是研究更为深入，即药物作用的观测已不仅仅限于整体、器官和组织，而是深入到细胞、受体和基因。许多药物作用机制从深层次被揭示和阐明，不但极大丰富了药理学自身内容，还对整个生命科学产生深刻的影响，成为生命科学发展的一个不容忽视的推动力。人们利用现代药理学先进技术，不仅局限于研究药物作用及其作用机制，还从核酸、蛋白质等生物大分子水平上阐述生命体的结构和功能特征，并且利用基因技术来设计和改变生物体特征。

二是研究技术的综合应用，即以跨学科、多水平的实验体系取代以往各学科单一的研究方法和系统。高水准的研究一般都在整体、离体组织、细胞、分子多种水平上共同证实一种论点。

三是高新技术的采用，使得无损伤非侵入式研究越来越广泛采用，不仅可以在实验动物上得出与人更接近的结果，还能直接用于人体的研究。

（一）不同层次的研究方法

1. 分子水平　药理学一开始就注重对生物分子的研究，从简单的乙酰胆碱等小分子的研究，直到今日对核酸、蛋白质、多糖等大分子的深入研究。生物大分子领域的研究是现代药理学最基础和最有成效的领域，是现代药理学揭示生命奥秘、带动基础和临床医学发展的主流。

2. 细胞水平　细胞水平的研究是现代药理学最基本的研究。随着转基因技术，反义技术，细胞功能定位、定性、定量研究技术的日趋成熟，药理学在细胞水平的研究仍将继续发展。

3. 组织或器官水平　离体组织或器官保持离体组织或器官完整的形态和细胞群的相互关系，但切断了整体的神经、内分泌调节的影响，可以直接观察相应组织或器官的各种生理或生化特征，是联系分子水平、细胞水平与整体水平研究的必要的中间环节。

4. 整体水平　整体动物实验反映的生理功能变化是体内各种生理过程的综合表现，是生命活动最终的表现形式，能够较好符合临床实际。常用的整体动物实验有清醒动物实验和麻醉动物实验。

5. 人体研究　采用现代生命科学新技术以非侵入式方法直接研究人类的生命活动规律，已经成为医学科学的主流。其与动物实验研究最大的区别，在于必须采用安全、可靠的方法，不能以损害患者健康为研究的代价；在于患者各种生理、病理、遗传特征存在多样性，必须善于在更错综复杂的条件下把握基本的规律。

（二）不同学科研究方法

1. 生理学方法　生理学主要研究生命活动的物理现象（如生物电、机械力、流体、温度、光等），包含对行为学、整体、离体、细胞等水平的生理现象及各种生理过程在各级水平的调控机制。药理学则利用生理学方法研究药物对生理病理状况下机体的生理功能特点的影响。近年发展的微电极技术、电压钳技术、膜片钳技术及微机技术均为电生理研究的数据采集和处理提供了极其方便的工具。

2. 生物化学和分子生物学研究方法　生物化学研究生命活动的化学现象，其中核酸、蛋白质及基因工程等由于得到高度发展，已独立发展成为分子生物学。研究内容包括生物大分子、小分子的分离、纯化、鉴定和定量，各类物质和能量代谢规律及其调控机制。药理学利用 DNA 克隆、核酸杂交、聚合酶链式反应、转基因技术及蛋白质研究方法研究药物对生理病理状况下机体的生化机制的影响。

3. 形态学方法　形态学研究除了传统的光镜、电镜方法外，与分子生物学等技术结合，衍生出免疫组织化学、原位杂交、原位 PCR、组织或细胞的图像分析、细胞功能可视化、临床的各种成像技术等崭新的研究方法。药理学则利用形态学方法研究药物对生理病理状况下机体的组织结构的影响。

4. 免疫学和细胞生物学研究方法　免疫学和细胞生物学是相对年轻的学科，药理学利用它们研究药物对生理病理状况下机体的免疫功能的影响。动物细胞培养技术可直接对培养细胞进行观察和适当的处理，对病毒和细胞增殖分化机制的阐明及细胞器的结构与功能的研究起了重要的作用。细胞融合技术对变异细胞和杂合体细胞的研究构成了体细胞遗传学和阐明遗传病的重要基础，也使单克隆抗体的制备成为可能。基因克隆技术通过将基因和蛋白质导入培养细胞，可有目的地改变细胞的基因型或表型。

第三节　药理学研究现状及发展趋势

一、药理学研究现状

随着现代科学技术尤其是生命科学的发展，人类攻克了一道道维护生命健康道路上的难题，同时伴随着社会进步和人民生活水平的提高，人们对于自身生命、健康和生活质量的要求越来越高，对于药物的要求也不再仅限于以往要求的安全性、有效性，而是逐渐地向药物多样化、高效性、专一性、低不良反应方面发展，为了应对繁多的疾病对人类造成的不良影响和伤害，作为治疗疾病主要手段的药物治疗也在不断改进，从天然药物、小分子化学合成药物、生物体中提取的大分子药物到基因工程制造药物，药物科学与时俱进，为保证人类的生命健康做着持续性的努力。

二、药理学的发展趋势

近年来，随着现代化学的发展，生物技术的崛起，基因组学、蛋白质组学、细胞生物学和分子生物学的迅速发展，使得药理学整体水平快速提高，研究内容不再局限于原本传统的发展空间，而是像其他生命科学一样，深入到了微观世界。随着研究深入，一些热点和焦点出现，揭示机体与药物相互关系中更深和更广的层面，为药理学发展带来新的目标和动力。其研究热点领域包括以下几方面。①受体的三维结构，受体及其亚型的克隆和结构研究等受体药理学研究。②高选择性受体及其亚型的配体研究等手性药理学研究。③信号分子（大分子和小分子）、信号接收系统、细胞内信号转导等生物信息系统研究。④基因工程药物和蛋白质工程药物研究等，如重组链激酶、人胰岛素、人生长素、干扰素及白介素类等。

在生命科学研究中，最令人振奋的进展是对生物信息系统的深入认识，包括生物大分子（主要是活性蛋白质因子）、遗传基因及其表达，不仅为人类利用药理学手段干涉这些功能系统以防治疾病展示了宽广的前景，也极大促进了现代药理学研究的不断深入。研究的一些热点包括对生物信息系统的研究、干预生物信息系统的研究、机体生物大分子特点与药理作用、药物对一些特定细胞信号转导功能的作用和社会药理学的研究。

（一）对生物信息系统的研究

对生物信息系统的研究包括生物信息、信号分子、细胞的信号接收系统、细胞内信号转导系统、细胞效应模式等。

1. 生物信息 特征：①具有级联反应，根据先后次序常分为上游和下游。②具有网络结构，多种多样信号转导途径，它们之间有一些共同的作用环节，这样就构成网络结构。网络结构存在于细胞内或细胞间的微环境中，也存在于功能系统及整体层面。③具有多样性，各种信号分子、细胞、组织、生物种属之间存在特异性，形成同一信号有多种多样的表现形式。④具有可逆性，体内存在信号中止系统，使信息传递完成后，能够恢复到原来状态。这是保持自身稳定状态的必要条件。

（1）基因与信息：基因指 DNA 分子中能编码一条多肽链、具有一定长度的片段。基因对生物信息有两方面意义。一方面，基因是储存遗传信息的载体，是决定物种、个体差异的物质基础，在个体发生发育过程中指导机体各种组成成分的生物合成。另一方面，在环境信号刺激下促进或抑制有关基因的表达，对信号分子、信号接收系统、信号转导系统的组成成分进行调整，保证生物信息正常流动。因此，基因既是信息的来源，又是信息流动过程中的一个环节。

现代生命科学的重大进展之一是能够干预基因，为疾病防治和研究带来革命性转折。在人类疾病防治中，可以开展基因诊断和基因治疗；基因工程技术为基因克隆、疾病基因分析、转基因动物制备等研究提供了快捷和方便，使人们更深入地认识生命本质；同时，还利用外源性基因（如大肠埃希菌、昆虫、植物、哺乳动物等）制造人类需要的诊断、预防和治疗疾病的药物。

（2）蛋白质与信息：蛋白质既可是信号分子，如细胞因子、生长因子、某些激素；也是信号接收系统的主要成分，如各种受体和离子通道；还是细胞内信号转导系统的主要成分，如G蛋白激酶、转录调节因子等；细胞效应的发挥也是由蛋白质为主体的机构执行。信息传递过程中的小分子物质的活性也依赖于蛋白质；释放机构由蛋白质构成；其信号由蛋白质（受体、离子通道等）接收。

同类功能的蛋白质有多种亚型；一些蛋白质由多个亚单位构成二聚体或多聚体，不同亚单位构成不同亚型；这样，使得蛋白质功能具有显著的多样性特征。

蛋白质在信号转导功能中的变化有两个方面。其一是蛋白质分子数量的增减，来源于发生发育及环境因素对基因转录的调节。其二是构型的改变，不同空间构型具有失活和激活特点，这是信号转导快捷、灵敏、准确的基础。

2. 信号分子 可分为物理信号、小分子化学信号和大分子化学信号。物理信号有生物电、（神经冲动、心肌动作电位等）、机械力（肌肉收缩等）、渗透压、酸碱度等。小分子化学信号有如下几种。①神经递质，如氨基酸、腺苷等。②免疫和炎症介质，如前列腺素类、白三烯类、血小板激活因子等。③离子，Na^+、K^+、Ca^{2+}、Cl^-等。④气体分子，如NO、CO、CO_2等。大分子化学信号有如下几种。①神经肽，如阿片肽、速激肽、血管活性肠肽等。②细胞因子，如白介素、肿瘤坏死因子、干扰素等。③生长因子，如神经营养因子、表皮生长因子等。④黏附分子，如选择素、整合素、钙黏附素等。⑤免疫球蛋白（抗体）。⑥抗原。

（1）信号分子的产生与释放：生物体接收环境信号后，在体内生理调节系统产生和释放信号分子，生理调节系统包括神经系统在接受刺激后神经末梢突触囊泡中的神经递质释放到突触间隙，分别作用于突触后膜的效应器，或反馈性作用于突触前膜。近年来发现，神经元或神经胶质细胞可以分泌神经营养因子，以顺向或逆向方式作用于邻近神经元；内分泌系统，将激素释放到血液，经循环作用于远隔部位；免疫系统，以自分泌（autocrine）方式作用于分泌细胞本身或邻近同种细胞，以旁分泌（paracrine）方式作用于邻近异种细胞，以接触分泌（juxtacrine）方式将分泌物质结合在细胞表面，作用于与其接触的有关细胞，细胞黏附分子就是通过此方式发挥作用的。

（2）信号分子的灭活或消除：乙酰胆碱可被胆碱酯酶水解，多肽或蛋白质分子可被多种肽酶分解等是酶分解代谢；神经递质可由代谢酶分解或生物转化，也可经突触前膜、突触后膜、突触囊泡或神经胶质细胞上的神经递质转运体，转运至细胞内或囊泡内进行代谢；在离子跨膜转运后，需要恢复到静息水平，这一过程依赖于细胞膜或细胞膜上的离子转运体系。离子转运体系有被动转运体系，也有需要消耗ATP的主动转运体系。

3. 细胞的信号接收系统 细胞的信号接收系统，既有细胞膜的受体和离子通道，也有细胞内的受体，学者对它们的结构和功能特点均有很多新认识。细胞的信号接收系统是现代药理学中研究进展最快的一个领域，有如下几类：G蛋白偶联受体家族、细胞膜离子通道、酶活性受体和细胞质或细胞核内的受体。

4. 细胞内信号转导系统 G蛋白和第二信使物质介导的信号转导：G蛋白偶联受体的细胞内信号转导经过第二信使物质的介导，如cAMP、cGMP、甘油二酯（DG）、三磷酸肌醇（IP_3）、Ca^{2+}等，第二信使物质还需要通过激活有关蛋白激酶才能产生生理效应，它们有cAMP/PKA、cGMP/PKG、DG/PKC、IP_3-Ca^{2+}/CaMPK等多种方式。

（1）蛋白激酶与蛋白磷酸化：功能蛋白磷酸化（或脱磷酸化）是活性调节的重要方式，因此在细胞内信号转导过程中，许多环节都有蛋白激酶参与，它们包括上述蛋白激酶，以及酶活性受体或受体偶联的蛋白激酶。

（2）基因转录的调节：细胞内信号转导的一条共同途径是激活转录调节因子，包括活化、移位、与靶基因顺式元件结合、与基本转录因子相互作用，进而促进或抑制靶基因的转录。核内受体也属于一类转录调节因子。

5. 细胞效应模式 细胞效应模式根据效应发生的快慢可分为瞬间效应、快效应和慢效应。

细胞效应的整合可分为空间上的整合和时间上的整合。前者整体表现形式（各种行为变化）或脏器活动都是由多细胞参与的生理活动，由信息系统起到了协调各种细胞功能的作用，其中有神经、内分泌和免疫系统的调控和相互作用；后者不仅表现为各种生理效应的时间过程，而且表现为各种生物节律。

（二）干预生物信息系统的研究

疾病状态下生物信息系统功能表现异常，因此，纠正信息系统的障碍环节是治疗的靶标。主要治疗手段包括药物治疗、免疫治疗和基因治疗。

1. 药物治疗 常采用如下几类药物。①影响信号分子的药物，如信号分子衍生物、信号分子代谢酶抑制药、神经递质和离子转运体抑制剂等，此类药物能模拟或拮抗信号分子的作用，或改变信号分子空间分布，增强或减弱信号强度，进而纠正疾病时异常信号转导。②影响信号接收系统的药物，如受体激动剂或抑制剂、离子通道开放剂或阻滞剂。③消除环境有害信号的药物，如病原体抑制或杀灭药物和化学毒药的解毒药。④影响细胞内信号转导系统的药物，如第二信使物质代谢酶抑制剂、基因转录调节药物和 DNA 损伤药物。

以上几类药物极大地促进了现代药理学的进步，但还有许多疾病缺乏有效安全的治疗药物，如肿瘤、病毒感染性疾病（肝炎、艾滋病等）、遗传病、神经变性性疾病（阿尔茨海默病、帕金森病等），还需要进一步研究这些疾病信息系统的异常环节，进而发展新的治疗药。从信息系统不同环节上看，针对酶活性受体、细胞内信号转导系统的药物，还是一片巨大的尚待研究和开发的领域。

以分子生物学为主流的现代生命科学，逐步揭示了疾病发生中的异常环节，为我们研究治疗药物提供依据；基因技术为我们提供了生物制药的方法，使人们能够廉价地生产蛋白质、多肽类的大分子药物。

同时，我们必须意识到这种背景下的药物研究中有许多问题尚待解决。例如，药物对体内信息系统作用的两面性，既有纠正异常信息的一面，也有诱发新的异常信息的一面，需要我们对药物不良反应进行更深入细致的观察，并采取相应手段提高治疗作用降低不良反应。又如，大分子药物如何避免体内的酶解作用和延长作用时间；如何能选择性地进入靶细胞，提高疗效，减少对其他非靶组织的不良反应，这些都是亟待解决的问题。

2. 免疫治疗 免疫治疗分为以下 3 类。

（1）主动免疫：针对病原体和肿瘤细胞，利用人体免疫调节系统功能，研制特异性疫苗和瘤苗，这是理想的预防和治疗方法。还可利用非特异性疫苗提高人体免疫能力，增强对某些疾病的抗病力，如接种卡介苗对部分哮喘患者有治疗作用。基因工程是我们提供生产或制备疫苗和瘤苗的有效手段。

（2）被动免疫：特异性抗体一方面对感染性疾病或肿瘤有一定防治作用；另一方面用于药物的靶向设计——药物与组织特异性抗体结合后，能选择性分布于携带特异抗原的组织，如肿瘤、中枢神经等。基因工程也为制备抗体提供了有效手段。

（3）免疫调节：用药物直接干预免疫过程。例如，用糖皮质激素和环孢素等免疫抑制药，抑制过强的免疫反应，用于治疗自体免疫性疾病、器官移植的排异反应等；用左旋咪唑、白介素、干扰素等免疫增强剂治疗免疫功能低下的某些疾病。

3. 基因治疗

（1）目标：基因治疗利用现代生物技术干预人体基因组功能，改变基因及其表达的功能蛋白而达到治疗目的，这是药物等方法无法或难以达到的。基因治疗的目标是抑制或置换异常基因、导入治疗基因。可以向靶细胞导入有关基因，也可以导入反义寡核苷酸抑制相应基因的表达功能。

（2）导入方法：有病毒载体和非病毒载体两大类方法，各有利弊。但是，现用的导入方法仍未能达到满意的程度，导入后的基因表达能力也不能满意控制，这些是制约基因治疗应用的主要障碍，有待进一步解决。

（3）安全性和伦理问题：基因治疗的一个问题是安全性。用病毒载体有引起病毒感染的危险，尽管采用的是安全无毒的病毒载体，但仍难以保证进入人体后有致病的可能性，特别对远期效应。导入的基因本身除了有治疗作用外，也可能诱发疾病，这需要进行大样本、长时间的观察才能得出结论。基因治疗可能改变人类在漫长进化过程中获得的遗传特征，在短期内很难做出判断。因此，采用人体基因治疗必须经过严格的伦理审查，并且仅能用于体细胞，严禁用于生殖细胞。

（三）机体生物大分子特点与药物作用

1. 药物的手性 现代分子生物学已越来越多地阐明机体功能大分子的立体构型，与之相应，对药物分子不同立体构造形成的体内代谢、药效学、毒理学的差异，也得到了充分的重视，并已逐渐发展形成现代药理学的又一新的分支——手性药理学，以深入研究药物手性特点，以及手性药理学的一般概念和研究方法，这方面的理论和方法将成为今后药物研制开发中的重要基础。

2. 药物代谢酶类的多态性 药物代谢和效应的个体差异是现代药理学的一个主要问题，以往难以阐释其机制，也难以事先做出预测。随着药物代谢酶类基因结构逐一得到阐明，个体差异的分子机制也逐步得到认识，并能对一些药物代谢或效应异常者做出诊断。

3. 能量代谢与药物作用 细胞内线粒体在细胞能量代谢上的作用早已为人熟知，但药物对线粒体能量代谢系统作用的研究，还是近年来兴起的新研究领域。能量代谢及其有关的酶活性在病理过程中出现异常，是疾病发生和发展的机制之一，关注药物在这方面的调节作用，将拓宽药物研究视野，并开发新类型的治疗药物。

（四）药物对一些特定细胞信号转导功能的作用

1. 细胞凋亡 细胞凋亡是指在生理或病理条件下细胞程序性死亡的方式，是细胞内信号转导系统一种复杂的整合结果。介导细胞凋亡的多条信号通路及调节通路已经得以阐明，并认识到细胞凋亡过强或过弱，均与疾病发生发展有关。因此，对细胞凋亡的影响已成为评价抗肿瘤药等药物的一个指标。

2. 药物的生殖毒理 药物的生殖毒理作用机制涉及多种细胞信号转导功能的紊乱，不仅是一个发育生物学的基本问题，而且是认识并防治药物致畸作用的重要研究领域，虽然目前有一定的进展，但尚有许多与致畸有关的具体环节和方式，如药物诱导胚胎致畸过程及其有关机制等，均需在分子和细胞水平进行深入探讨。

3. 一氧化氮合酶（NOS）和一氧化氮（NO） 虽然人们很早就认识了硝酸酯类等硝基化合物的药理作用，但对 NO 作为内源性信号物质的认识还是近 10 年的新进展。如今，对 NO、

NOS 及受 NO 激活的 cGMP 组成的 NOS-NO-cGMP 信号转导通路，已做了大量研究工作，不仅发现越来越多的有关 NOS 超家族，对 NO 介导的细胞和系统功能也得到更清楚的认识，还促进了影响 NOS 和 NO 功能的药物的研究，形成一类有前景的新治疗药。

（五）社会药理学的研究

当今世界很多地区毒品及生活嗜好品滥用等与社会活动关系极为密切的药理学问题日益突出，社会药理学研究也得到充分的重视。

药物依赖性及其带来的药物滥用，引起的不单是医学问题，还涉及吸毒贩毒等深刻的社会问题。以吗啡、可卡因等药物引起的脑内正性强化效应（奖赏效应）是药物依赖性形成的神经生物学基础，使用者获得后会产生明显的中枢神经效应，如消除疲劳、兴奋、获得满足感等，因通过药物获得此类精神奖赏简单易得，使得一部分使用者沉溺其中，用药量和频率难以控制，长期大量使用往往损害身心健康。

烟、酒、茶、咖啡等生活嗜好品伴随着人类的文明史延续了千百年，至今仍在社会经济、文化等方面占据重要位置。这些嗜好品中的化学成分对人体有显著的药理作用，特别是对于中枢神经系统，极易使人形成一定程度上的精神依赖性，长期大量应用时往往可损害身体健康，但因这几类物质流通时间长，范围广，是商品经济中的重要组成部分，同时咖啡因、茶碱、茶多酚等成分也具有一定的药理作用，正确认识它们的药理作用，加以合理应用，具有积极的社会意义。

第四节　药物研发中的药理学研究实例

广泛的社会需求推动着我国新药研究的发展，而药理学的作用贯穿新药研发的始终，所以重视药理学是保障新药研发的重要操作，药理学是一门实践性、综合性很强的学科，一方面与生命科学各学科有着密不可分的联系；另一方面药理学又是以药学为背景，联系着临床医学和药学，所以药理学的发展是随着医学科学的进步、药学的发展及人类防病治病和健康的维护等同时发展的。综合来讲药理学发展的任务主要有以下 3 个方面。①合理用药，这是药理学研究的重要内容，也是其指导发展的重要内容。②新药研发，人类对药物的需求是长期的，而且是不断推动、提高和发展的，因此，新药研发也是无止境的。③促进医药科学和生命科学的进步。因药理学作为一个与诸多学科都有着密切联系的综合学科，且具有药物这一个特殊的工具和手段，使得药理学不论是对生命科学还是对医药科学的发展都具有强大的推动作用。

一、基因工程药物实例

1973 年，Cohen 等首次将带有链霉素抗性基因（Str^r）和四环素抗性基因（Tet^r）的两种大肠埃希菌质粒进行了重组，获得了具有活性可以复制并且只有双亲质粒遗传信息的重组质粒，从而拉开了基因工程研究的序幕。次年他们又对具有氨苄西林抗性基因（Amp^r）和红霉素抗性基因（Emp^r）的金黄色葡萄球菌质粒和大肠埃希菌质粒进行了重组，重组后的质粒在转入大肠埃希菌后，能够进行复制表达，具有金黄色葡萄球菌的抗青霉素活性。同年他们又使非洲爪蟾的基因在大肠埃希菌中成功表达，这标志着基因工程的正式诞生。

基因工程药物生产流程：先确定对某种疾病有预防和治疗作用的蛋白质，然后提取出控制该蛋白质合成过程的基因，经过一系列基因操作，最后将该基因放入可以大量生产的受体细胞中去，受体细胞往往选择繁殖迅速、易于培养的细胞种类，可以是细菌、酵母菌、动物或动物细胞、植物或植物细胞，创造合适的环境使受体细胞不断繁殖，大规模生产具有预防和治疗这些疾病的蛋白质，即得到基因工程疫苗或药物。

20 世纪 70 年代发展起来的基因工程发展迅猛，成为生物技术的核心，其应用范围相当广泛，尤其在医药卫生、农业、工业和新型能源中起到重要的作用。1982 年英国和美国批准生产和使用了第一个基因工程药物——重组人胰岛素，美国 Eli lilly 公司从 Genentch 公司转让获得了生产基因工程药物重组人胰岛素的权利，同时诺和（Novo）公司和 Biogen S. A 公司也获得了生产该产品的权利，自此全世界范围内基因工程药物的研制和生产进入快速发展阶段。目前，全球上市的基因工程药物已有 140 多种，处于研发阶段的品种约有 2000 个。

1. 干扰素（interferon，IFN） 是一类活性糖蛋白，当细胞受到外来病毒感染时，就会受刺激而产生干扰素，帮助细胞产生抗体，因此干扰素具有抗病毒、抑制细胞增殖、调节免疫及抗肿瘤作用。主要用于治疗晚期毛细胞白血病、黑色素瘤、Kaposi 肉瘤、肾癌和慢性粒细胞性白血病等，同时也适用于急、慢性丙型病毒性肝炎，慢性活动性乙肝。它具有高度的种属特异性，故动物的干扰素对人无效。所以以前干扰素只能从人体提取，直到 1980 年，美国基因技术公司将人干扰素 α 基因转到大肠埃希菌中获得成功，并制造出干扰素。

1989 年我国批准了第一个在我国生产的基因工程药物——重组人干扰素 α_{1b}，重组人干扰素 α_{1b} 是世界上第一个采用中国人基因克隆表达的药物，也是到目前为止唯一一个中国自主研制成功的拥有自主知识产权的基因工程一类新药，这标志着我国生产的基因工程药物实现了零的突破，此后我国基因工程制药产业不断发展壮大，截至 1998 年底，我国批准上市的基因工程药物和疫苗产品已有 15 种，干扰素类药物研究也已从重组人干扰素 α_{1b} 发展到重组人干扰素 α_{2a}、重组人干扰素 α_{2b}、重组人干扰素 γ。

2. 促红细胞生成素（erythropoietin，EPO） 又称红细胞刺激因子、促红素，是一种人体内源性糖蛋白激素，主要由肾脏和中枢神经系统等部位合成，可刺激红细胞生成。缺氧可刺激 EPO 产生，用于治疗肾功能不全合并的贫血、获得性免疫缺陷综合征（艾滋病）本身或治疗其引起的贫血、恶性肿瘤伴发的贫血及风湿病贫血等多种贫血。

EPO 是最早发现并首先运用于临床的造血生长因子，天然存在的 EPO 分为两种类型，α 型含 35%的糖基，β 型含 26%的糖基，两种类型在生物学特性、抗原性及临床应用效果上均相同。天然的人促红细胞生成素（hEPO）制品一般从贫血患者尿液中提取，药源极其匮乏，所以科学家从 20 世纪 80 年代就开始重组 hEPO 的研究，从人胎儿肝中提取克隆出 hEPO 基因，为了研制与天然 EPO 活性相似的重组 hEPO，选用哺乳动物细胞表达系统，目前国内外首选中国仓鼠卵巢（Chinese hainster ovary，CHO）细胞表达系统来生产重组 hEPO，并研制成功。

重组 hEPO 长期应用无毒性、无变态反应、无器官功能性障碍或抗体形成，其对于各类因素引起的贫血治疗效果是可以肯定的，但也存在一些不良反应，常见的如血压升高、高钾血症等。此外由于 EPO 能提高人体红细胞含量，增强人体功能，使其成为运动员中最为常见的兴奋剂之一，无论从竞技体育精神来说还是用药合理安全方面来说，将此药作为兴奋剂都是极其不可取的。

二、蛋白质工程药物实例

蛋白质工程就是以蛋白质分子的结构规律及其生物功能的关系作为基础，通过化学、物理和分子生物学的手段对编码蛋白质的基因进行有目的的基因修饰或基因合成，再通过基因工程技术获得可以表达蛋白质的转基因生物系统，然后得到目的蛋白质产物，以满足人类生产和生活的需求。

通过蛋白质工程在药物研究中的应用可以进行一系列药物的改善，如提高药物活性、提高药物靶向性、提高药物稳定性、改善药动学特性、提高药物工业生产率、减短药物半衰期、延长其作用时间、降低药物引起的免疫反应及开发新型药物等。

蛋白质工程首先对蛋白质进行结构分析，收集大量蛋白质分子结构的信息，建立蛋白质结构与功能之间关系的数据库，用以预测一定氨基酸序列肽链空间结构和生物功能，然后通过分子动力学、分子热力学等，根据能量最低、同一位置不能同时存在两个原子等基本原则分析计算蛋白质分子的立体结构和生物功能，根据实际情况设计预测蛋白质的氨基酸序列和空间结构；其次进行蛋白质的改造，简单的方法有物理、化学和生物化学法等，但是此 3 种方法只能对相同或相似的基团或化学键进行改造，不能得到针对特定作用部位起作用的蛋白质，所以采用基因重组技术或人工合成 DNA，从头合成所需要的目的蛋白质。

1. 胰岛素 是由胰脏内的胰岛 B 细胞受内源性或外源性物质，如葡萄糖、乳糖、核糖、精氨酸、胰高血糖素等的刺激而分泌的一种蛋白质激素。胰岛素是机体内唯一降低血糖的激素，同时促进糖原、脂肪、蛋白质合成，是治疗 1 型糖尿病的主要药物。胰岛素最初只能从猪、牛等动物的胰腺中提出，极低的产量造就了高昂的价格，直到 1955 年，Sanger 经过数年不懈的钻研，研究清楚了胰岛素的全部化学结构，这为 1958 年胰岛素完成序列测试和 1965 年人工合成胰岛素奠定了重要的基础。直到 1982 年重组人胰岛素作为第一个基因工程药物正式上市，这对基因工程制药和蛋白质工程技术制药来说都具有重要的意义。

为使胰岛素能更好地为人类所用，利用蛋白质工程技术对胰岛素做出了多种改造，最突出的有通过对胰岛素氨基酸序列修饰得到速效胰岛素、长效胰岛素和高效胰岛素，极大地方便了人们对胰岛素的使用。

（1）速效胰岛素：研究人员从三维结构分析发现胰岛素吸收慢的原因是发挥降血糖作用依靠胰岛素单体，而胰岛素会聚集成二聚体和六聚体，减慢了胰岛素的吸收速率，而多聚体的形成又与 B6、B9、B12、B13、B16、B23～B28 的氨基酸残基有关，于是用蛋白质工程方法将多聚体接触面上某些氨基酸残基换上带负电荷的氨基酸残基，利用相同电荷互斥减少多聚体的生成，得到了一系列吸收迅速的速效胰岛素，如 1996 年第一个在欧美上市的速效胰岛素 Lispro，就是将 B 链上的 Pro_{28} 与 Lys_{29} 进行交换，极大地降低了聚集性，静脉注射后 15min 后即起效，1h 后血药浓度达到顶峰，并且血浆清除时间也较短，仅为 2～4h，降低了引起低血糖的风险。

（2）长效胰岛素：研究发现胰岛素在生理 pH 下可形成结晶，沉淀在注射部位，而后缓慢释放出来，可延长药物在体内的半衰期，同时将 B 链 Thr_{27} 改变为 Arg，B 链 C 端氨基化，A 链 Asn_{21} 改变为 Gly，可使药物血浆半衰期延长至 35h，并且临床效果良好，以往糖尿病患者一般需要每日给药四次，在得到速效胰岛素后每日只注射一次便可达到与天然分泌的胰岛素相近的效果。

（3）高效胰岛素：研究人员通过加强胰岛素与受体亲核性的胰岛素突变体，达到提高胰岛素生理活性的目的，以及将 B 链 His_{10} 改变为 Asp，也得到了高活性的胰岛素，体外活性提高了 5 倍之多。

2. 组织型纤溶酶原激活物（tissue-type plasminogen activator，tPA） 纤溶系统的主要功能是清除沉积在血管壁上的不溶物，以保持血液流通顺畅。纤维蛋白 tPA 是体内纤溶系统的生理性激动剂，为人体特有糖蛋白，是丝氨酸蛋白酶类，主要由血管内皮细胞（vascular endothelial cell，VEC）和组织细胞合成，专一水解纤溶酶原，形成纤溶酶激活纤溶系统。在人体纤溶和凝血的平衡调节中发挥着关键性的作用。

为增强 tPA 的酶原性和纤溶活性、增强纤维蛋白特异性、降低 tPA 的血浆清除率及降低血浆抑制剂对其的抑制作用，对 tPA 蛋白质分子进行修饰。Seydel 等发现，tPA 在肝脏的降解过程与 tPA 受体介导的细胞摄粒作用和肝脏许多细胞的降解有关，生物化学方法揭示，tPA 的 117 位上有识别高甘露糖碳水化合物的结构区，水解 tPA 上的甘露醇链可显著降低 tPA 在肝脏的清除和降解；PAI 是 tPA 的抑制剂，尤其以 PAI-1 发挥主要抑制作用，研究发现 tPA 的 296～302 位氨基酸的缺失能够拮抗 PAI-1 的抑制作用；聚乙二醇与蛋白质分子偶联后可防止该蛋白质分子与其他大分子相互作用从而延长蛋白质的半衰期。German 用聚乙二醇修饰 tPA，使 tPA 在体内半衰期延长了 5 倍，但 tPA 的活性也仅表现为原来的 70%，除此之外，研究实验表明 tPA 的酰化衍生物半衰期也显著增强。

随着对组织型 tPA 深入研究，tPA 与临床诸多疾病之间的关系也越来越受到重视，表现在 tPA 含量测定作为多个评价指标表现其临床意义。例如，①可作为纤溶系统功能的判断指标，若血液中 tPA 的含量偏低，则该个体发生血管栓塞的风险明显偏高；②可作为诊断血栓形成的指标，当血栓形成时，tPA 含量会快速升高表现为一种应激反应，当栓塞继续时，tPA 含量则会转为明显下降趋势，而 PAI-1 活性上升；③可作为肝功能评价指标，因为 tPA 主要在肝脏被代谢清除，当肝脏功能受到严重损害，则 tPA 的清除率明显偏低。Hersch 研究发现肝硬化患者往往处于过度纤溶状态，而其后果则是导致肝硬化的并发出血，肝癌进展期和晚期患者的 tPA 水平的升高程度更甚。

三、免疫治疗药物实例

免疫治疗是指在机体免疫能力低下或亢进的情况下，人为地增强或减弱机体免疫能力以达到治疗疾病的目的。免疫治疗的方法有很多种，主要包括主动免疫、被动免疫和免疫调节。主动免疫也称自动免疫，是利用抗原刺激机体，促使机体产生抗体发挥治疗作用，当抗原再次入侵时，记忆 T 细胞会迅速识别靶细胞，而后效应 T 细胞释放抗体并与靶细胞特异性结合使之分解，消灭抗原。此类免疫出现时间长，但是能长久保持对抗原的识别，再次遇到抗原机体免疫系统会迅速做出应答，减少组织损伤。将疫苗或类毒素接种于人体，使机体获得特异免疫能力，是一项防治病原微生物感染的重要措施。被动免疫是指机体被动接受抗体、致敏淋巴细胞或其产物，使机体迅速获得特异免疫能力，但是维持时间短，所以一般应用于紧急情况下的治疗。免疫调节依靠机体免疫系统实现，免疫系统中的免疫细胞与免疫分子之间相互作用，维持机体的生理平衡，使机体生理功能维持在最恰当的水平，合理使用药物干预免疫过程，可以抑制过强的免疫反应或使用免疫增强剂治疗伴有免疫功能低下的某些疾病，达到合理用药和维持机体生理生态平衡的目的。

1. 乙肝疫苗 乙肝是由乙肝病毒感染引起的，对人类的生命健康影响很大，感染乙肝病毒后，部分患者会发展成慢性肝炎持续性感染状态，严重者可能发展成肝硬化甚至原发性肝细胞癌，乙肝病毒感染者无论在潜伏期、急性期还是慢性期其血液都具有传染性，中国人是乙肝病毒感染的高发人群，乙肝的传播严重影响着国民身体素质，接种乙肝疫苗进行疾病预防是目前控制乙肝最有效的措施。

乙肝疫苗是提纯的乙肝表面抗原，是死疫苗，疫苗接种后，会刺激免疫系统产生抗体，抗体会分布在人体血液中，一旦有乙肝病毒入侵，抗体会立即作用清除病毒，而不会影响机体，从而使机体获得预防乙肝的能力。因乙肝病毒体外分离尚未成功，因此不能通过体外细胞培养的方式获得疫苗，早期使用无症状的乙肝病毒携带者的血清中的表面抗原制造疫苗，即血源性乙肝疫苗，制造疫苗步骤包括病毒的分离纯化、灭活、疫苗的安全性和有效性检定等，因取自人血及检定程序复杂，并且有引起血源性疾病的可能，故少用。1992 年乙肝基因工程疫苗获得生产文号大量生产，目前使用的多为基因工程疫苗，乙肝基因工程疫苗是利用 DNA 重组技术将乙肝病毒表面抗原基因片段插入酵母细胞的基因中，然后通过细胞培养大量增殖分泌乙肝病毒表面抗原，收集提纯之后制成乙肝疫苗。基因工程制得的乙肝疫苗成本低，效率高，并且安全可靠，现已广泛应用。

2. 卡介苗（bacillus Calmette-Guérin vacrine，BCG） 结核病是由结核分枝杆菌感染引起的慢性传染病，结核分枝杆菌可侵入人体各种器官，其中 80%的感染发生在肺部，称为肺结核病，又称肺痨或者白色瘟疫，因其传播迅速且在早期没有有效的治疗手段，使得肺结核病在全世界广泛流行并夺走了数亿人的生命。

1882 年德国医学家 Robert Koch 发现了肺结核的病原菌为结核分枝杆菌，人类才得以从结核病的根源入手展开研究，1902 年 Nacard 从牛乳中分离出毒力较强的牛型结核分枝杆菌，1907 年法国科学家 Calmette 和 Guérin 经过 15 代连续传代培养经动物实验证明得到了失去毒力的结核分枝杆菌，此后十几年又进行了 200 多次传代终于得到了丧失对人类的致病能力的但是仍保留着足够高的免疫原性的活性菌株，并最终于 1921 年人体接种试验后确定使用安全及应用有效，次年卡介苗在全世界开始广泛应用。

用于免疫治疗的卡介苗一般有液体和冻干制剂两种剂型，但不论哪种剂型，都应及早使用，即使在药物有效期内，菌苗活菌数也会随储藏时间的增加而下降，且因所用菌株为活菌，为保持其活性，对储存运输环境都有着严格的要求。卡介苗接种主要是对未受过结核杆菌感染的人进行人工感染，从而获得免疫能力，因此类免疫并非细胞免疫，不能由母体传递给胎儿，且接种用的活性菌株已经过人工减毒，在没有禁忌证的情况下应尽早接种卡介苗，产生对结核杆菌的免疫力。因其不能治疗感染，所以卡介苗不能用于结核病患者。为使用安全考虑，对于禁用卡介苗的病症也需要知悉，如免疫缺陷病、心脏病、过敏性哮喘、荨麻疹或癔症、癫痫等神经系统疾病。

思 考 题

1. 药理学在临床试验中发挥的作用有哪些？
2. 对于生物信息系统的深入认识对现代药理学发展的作用有哪些？
3. 基因工程制药研究方向及可能出现的问题有哪些？
4. 重组胰岛素在药理学新药研究中的意义有哪些？

（李建恒）

第四章　药　剂　学

第一节　药剂学的历史发展与临床应用

一、国内药剂学简史

药剂学是祖国医药的重要组成部分，在漫长的中医药发展进程中，古今药方及剂型不断演变与发展。随着当代科技进步，药剂学包含的制备理论、工艺技术、新剂型与新技术必将不断涌现并完善。

（一）古代药剂学

我国古代医药学起源极早，了解我国药剂学的形成和发展，对于学习、继承和发扬我国医药学具有一定的指导意义。神农尝百草，始有医药，古人在寻找食物时发现食用动植物等可饱腹并可治愈疾病，古人发现药材加以修治和加工制成一定剂型方便使用并可更好地发挥药效。在漫长的医药实践过程中，药剂制备技术得到提高和完善，剂型种类日渐丰富，逐渐形成了古代药剂学。

在夏商时期出现酒剂和汤剂记载。秦汉时期是中医药发展的一个重要阶段，《黄帝内经》《五十二病方》和《甲乙经》记载了汤、丸、散、酒、膏等剂型。东汉张仲景总结了当时医药的成果，编写了《伤寒杂病论》，收载剂型有丸、散、膏、栓、汤、糖浆、酒、醋及滴剂等。晋代葛洪的《肘后备急方》、唐代孙思邈的《备急千金要方》对中药理论、加工、剂型、标准等都有专门的论述。唐代《新修本草》是我国第一部，也是世界最早的国家药典。明代李时珍（1518～1593 年）编著《本草纲目》，总结 16 世纪前制药和用药经验及 40 种左右药物剂型的加工方法。这些都说明我国古代药物制剂发展早，剂型较多，为现代药剂学提供了研究资料并对世界药学的发展做出重要贡献。

（二）近代药剂学

在 19 世纪初至 20 世纪 50 年代，西方医药技术的引进对我国近代药剂学的发展产生影响，如片剂、胶囊剂、注射剂等典型西药剂型出现，但国内企业存在生产规模较小、设备不够先进、水平较低、产品的质量参差不齐问题。20 世纪后，基础学科迅速发展，学科划分越来越细，使药剂学逐渐形成了一门独立的学科。从 20 世纪 50 年代开始，出现定量的精密制剂加工技术，采用物理药剂学理论指导和分析药物的稳定性，研究新型基质对释放药物速度快慢的影响，药剂学发展迅速，分支科学逐渐清晰。尤其随着我国综合国力增强，药剂学和制剂工业得到了快速发展。

（三）现代药剂学

从20世纪80年代开始，我国药剂学进入了繁荣与快速发展时期，国家资金投入大幅提升，研究水平不断上升，一些新技术和新剂型不断出现，如脂质体、纳米粒、微球、乳剂、透皮贴剂、口服缓释制剂、口服速释制剂、吸入剂等。目前国内已批准生产紫杉醇脂质体、注射用两性霉素B脂质体和多柔比星脂质体，其中紫杉醇脂质体为国内首创。国内批准生产的新型释药系统还有口服环孢素自微乳化给药系统、口服渗透泵片剂、口服速释片剂和透皮给药等。注射用醋酸亮丙瑞林微球完成临床研究，口服西罗莫司纳米粒进入临床研究。这些成果标志着我国新型制剂技术的重大进步。

新辅料、新工艺和新设备的不断出现，也为药剂学的发展奠定了基础。目前常规制剂生产所需的设备已基本实现国产化，如粉碎机、一步造粒机、全自动高速旋转式压片机、全自动胶囊填充机等。在我国的外资和合资企业中进口设备比较常见。随着我国机械制造技术的不断发展，目前一些国内机械设备制造企业开发了一批功能先进的国产制药设备，如高压乳匀机、冷冻干燥机、喷雾干燥机等。全自动高速旋转式压片机的出现，使片剂的生产实现了自动化，大幅提高了片剂的生产效率和产品质量，同时也对片剂的辅料和制粒方法提出更高要求。片剂新辅料有可压性淀粉等片剂新型填充剂，聚维酮、聚乙烯醇和羟丙甲纤维素等新型黏合剂，低取代羟丙甲纤维素、羧甲基淀粉钠和交联聚维酮（PVPP）等崩解剂。在片剂和颗粒剂包衣方面，包衣锅包衣和流化床包衣的全自动化电脑程序控制使包衣制剂的质量大为提高，产品的溶出度和生物利用度达到了量化控制。近年来由于辅料的发展，薄膜包衣也越来越受到重视和推广。胶囊剂是沿用已久的剂型，全自动胶囊填充机使其生产效率提高，产量增加，品种增多，出现了肠溶胶囊、双层胶囊、直肠胶囊、阴道用胶囊、骨架胶囊和缓释胶囊等。

二、药物制剂临床应用注意事项

（一）药物制剂的规格和用法

药物制剂的规格和用法是药物制剂临床应用中需要重点把握的对象。之所以要进行药物规格的核定是因为药物在固定量的基础上服用效果显著，不足量或过量均会产生问题。药物制剂的用法须关注，药物使用途径不同，服用效果会出现差异，为保证疗效，需要确定服用方法。

（二）药物制剂的结构

随着药物理论的不断深入和科学技术的不断发展，医院在临床中所使用的药物种类也越来越多。这些新药物的出现一方面为医院的临床用药提供了更多的选择；另一方面又使得临床用药不合理的概率显著提升。面对这样的情况，如果医师不能够全面地了解药物的特性、用法、主治功能，就会造成患者用药不合理的情况。例如，现在的一些口服类药剂，由于服用方法、服用剂量等不明确可导致药物制剂的效果下降，如果对药物不甚了解就服用，轻者会产生不良反应，严重的可能会危及生命。所以，医师在进行药物制剂服用指导的时候，一定要就药物制剂的服用方法、服用剂量、服用禁忌等情况进行全面详细的指导，避免患者在不清楚的情况下用药。只有这样才能够真正地发挥药物制剂的效果使患者早日康复。

（三）局部用药的全身不良反应

是药三分毒，药物的药效与不良反应并存，在医师指导患者进行局部用药的时候，不仅要对局部进行关注，更要对患者的整体情况进行考虑。例如，在临床中，患者的局部皮肤使用少量的激素并不会出现不良反应，但是如果是患者的皮肤广泛地发生病变，那么作用于局部的激素会产生积累，这种激素的长期积累会引起患者身体不适。所以为了保证患者正确用药，医师必须要对患者进行全面的了解，然后通过科学分析和整体设计来进行用药指导，这样才能保证患者用药安全。在临床中，患者的不良反应是分析药物特性的一个重要参考，所以医师必须要对患者的不良反应进行全局掌控，这样才能进一步掌握药物的特性，使患者用药更加合理，进而使患者能够尽快地康复。

药剂学在现代医学中占有重要的地位，尤其是在新形势下，药物制剂的研究得到更多的重视。在临床医学中药物制剂发挥着不可替代的作用，利用药物制剂的辅助作用可以使临床医学的效果更佳，所以积极地进行药剂学研究，也有益于推动医学发展。

第二节　药剂学的基本概念与任务

一、药剂学的基本概念

药物（drugs）是指能够用于治疗、预防或诊断人类和动物疾病，以及对机体生理功能产生影响的物质。药物最基本的特征是具有防治疾病的活性，故在研发的上游阶段药物又被称为活性物质（active pharmaceutical ingredient，API）。根据来源，可将药物分为中药（traditional Chinese medicines）、天然药物（natural medicines）、化学药物（chemical drugs）和生物技术药物（biologics）。中药是指在中医理论指导下使用的中药材、中成药和草药等。天然药物是指在现代医药理论指导下使用的包括植物、动物和矿物等天然药用物质及其制剂。化学药物是通过化学合成途径而得到的化合物。生物技术药物指通过基因重组、发酵、核酸合成等生物技术手段获得的药物，如细胞因子药物、核酸疫苗、反义核酸和单克隆抗体等。无论哪种药物，都不能直接用于患者，临床应用前须制成适合于医疗预防应用，具有与给药途径相对应的形式，此种形式称为药物剂型（dosage forms），简称剂型。剂型是根据不同给药方式和不同给药部位等要求将药物制成的不同“形态”，是所有基本药物制剂形式的集合名词，如片剂、注射剂、胶囊剂、粉针剂、软膏剂和栓剂等。药物制剂（preparations）简称制剂，是指剂型确定以后的具体药物品种，如注射用青霉素钠、地高辛片、阿莫西林胶囊和重组人胰岛素注射液等。在药物制剂中除了具有活性成分的药物外，还包括其他成分，这些成分统称为辅料（excipients），如片剂中用到的填充剂、崩解剂、黏合剂和润滑剂等，液体制剂中用到的溶媒、增溶剂、助悬剂、乳化剂、pH 调节剂、等渗调节剂、矫味剂和防腐剂等。

药剂学是一门研究药物剂型和药物制剂的设计理论、处方工艺、生产技术、质量控制和合理应用等的综合性应用技术学科。由于药剂学既具有原料药物加工科学的属性，又必须保证生产出来的药物制剂具有良好的理化性质和生理药理活性，以保证临床医疗质量，因此，它与物理化学、高分子材料学、机械原理、高等数学、计算机数学及生理学、解剖学、病理药理学、生物化学、临床药物治疗学等学科密切相关。

二、药剂学的任务

从药物的研发过程看，药剂学研究的是药品在被正式批准用于临床之前的最后阶段的一部分的研究内容。在开始药物制剂研究前，该药物的化学结构或有效部分都已得到确证，原料的一般理化性质研究和质量控制方法也已完成，药效学、药理学及毒理学等性质都已明确。如何将这些原料药制成适宜的剂型，获得安全、有效、质量可控和顺应性好的优质制剂用于临床，发挥预防、治疗和诊断的作用是药剂学的基本任务。疾病性质各异，对剂型的要求各不相同。在设计药物剂型时，必须从药物的特点出发，综合药物的理化性质，从药物制剂的稳定性、安全性、有效性，以及生产、质量控制、运输、储存，患者的顺应性等方面进行全面考虑，满足临床治疗和患者的需要。综合而言，药剂学的任务包括以下几方面内容。

（一）基本理论的研究

为提高药物制剂的生产水平和技术含量，制成安全、有效、稳定的药物制剂，必须对药剂学的基本理论进行研究。例如，物理化学理论、生物药剂学和药物动力学理论等促进药剂学的发展；片剂成型理论，对于片剂的生产和质量控制有重要的指导意义；表面活性剂形成胶束的理论可增加药物溶解度，在药剂学中获得应用；流变学的基本方法，成为混悬液、乳浊液和软膏等剂型质量控制的客观指标；物理化学的动力学理论与药剂学药物制剂稳定性结合，可预测药物制剂的有效期，对提高药物制剂的安全性具有重要意义。

（二）新剂型的研究与开发

剂型是药物应用的具体品种，除了药物本身的性质和药理作用外，某个药物的具体剂型也直接影响着该药的临床效果。常用的片剂、丸剂、胶囊、溶液剂和注射剂等普通制剂，已经难以满足高效、速效、低毒、控释和定向给药等方面的现实要求。例如，一日数次服用普通片剂，使用不便且易漏服，血药浓度波动大，药物峰谷现象严重，易产生不良反应。针对普通片剂问题，制剂研究者开发缓控释新剂型，可有效地控制药物释放，延长服药间隔，使血药浓度长时间维持在治疗浓度之上，克服峰谷现象，减少不良反应，提高疗效并增加了患者服药的顺应性。例如，多柔比星对肿瘤细胞的杀伤力很强，但它对心肌细胞的毒性也很大，但靶向性的多柔比星脂质体给药系统，可增加多柔比星对肿瘤细胞的靶向作用，避免其心脏毒性，达到提高疗效和降低毒性的双重作用。透皮给药系统（transdermal drug delivery systems，TDDS）也是一种新剂型，可避免口服给药可能发生的肝脏首过效应及肠胃灭活，可维持恒定的血药浓度或药理效应，达到长效、减少不良反应、延长作用时间、加强用药顺应性和患者自主用药等目的。因此，积极研究与开发药物新剂型是药剂学的一项非常重要的任务。

（三）新辅料的研究与开发

辅料对于药物剂型至关重要，即没有辅料就没有剂型。伴随着新剂型的研究与开发，药物制剂的种类不断增加，对辅料种类和性能的要求也越来越高，现有药用辅料发展必须满足新剂型发展的需要。新型缓控释制剂和靶向制剂的发展，完全依赖于性能优良的新辅料的支持。例如，采用肠溶辅料——丙烯酸树脂对普通片剂进行包衣，可以在肠定位释放药物，减少胃酸和酶对药物的破坏；使用生物可降解、生物相容性好的高分子辅料聚乳酸将药物制成微球、小丸或圆片，可以植入体内给药，达到每月或每年用药一次的缓释目的；透皮给药系统，提高药物的透皮吸收是关键，新型透皮吸收促进剂研究成为热点。总之，药用辅料对药物制剂性能改良和药物生物利用度的改善具有显著影响。故药用辅料的研发成为药剂工作者关注的焦点。

（四）新机械和新设备的研究与开发

药物制剂由适当的制剂机械和设备生产，研制适合于我国实际情况的制剂新机械和新设备，对于提高我国的制剂生产效率、保证制剂质量、增加制剂产品市场竞争力具有重要意义。例如，渗透泵激光打孔机的研制，使我国的渗透泵控释片实现了工业化生产，缩小了此剂型与国际先进水平的差距。

（五）中药新剂型的研究与开发

中医药是中华民族的宝贵遗产，继承、整理、发展和提高中医药理论和中药传统剂型，运用现代科学技术和方法，研制开发现代化的中药新剂型，是中医药走向世界的必由之路。我国已研制开发了中药注射剂、颗粒剂、片剂、胶囊剂、滴丸剂、栓剂、软膏剂和气雾剂等 20 多种新的中药剂型，丰富和发展了中药剂型并获得中药增效及质量可控的目的，但中药新剂型的研发仍是我国药剂学发展的一项长期而艰巨的任务。

（六）生物技术药物制剂的研究与开发

生物技术是世界科学技术活动中活跃且具有前途的新技术，采用医药生物技术为新药的研制开创了一条崭新道路。例如，预防乙肝的基因重组疫苗、治疗严重贫血症的 EPO、治疗糖尿病的人胰岛素、治疗侏儒症的人生长激素和治疗血友病的凝血因子等特效药都是现代生物技术药物，为解决人类疑难病症提供了新途径。生物技术药物为药剂学提出新课题，此类药物具有活性强和剂量小等优点，但性质不稳定，用于临床须制成安全稳定和方便使用的新剂型。

（七）医药新技术的研究与开发

药剂学发展史已证明，合理的医药新技术会促进药剂学的发展，如微囊化技术、固体分散技术和包合技术等，使药物制剂质量显著提高，利用此类技术制成的药物品种和数量不断增加。例如，纳米技术可将药物加工成 100nm 左右的超微粒，制成方便携带的超微粒气雾剂，可大大提高药物生物利用度。

第三节 药剂学的分支学科

药剂学是药学最早设立的二级学科。近年来，随着药剂学与生命科学、信息科学和材料科学等交叉发展，药剂学领域研究发展了许多新技术，这些技术早已超出了药剂学的传统范畴，从药剂学学科已衍生出分支学科，如临床药学、工业药剂学、物理药剂学、药用高分子材料学、生物药剂学和药动学等学科体系。这些学科的出现和不断完善对药剂学的整体发展产生了重大影响。

一、生物药剂学

生物药剂学（biopharmaceutics）是研究药物在体内的吸收、分布、代谢与排泄的机制及过程，阐明药物因素、剂型因素和生理因素与药效之间关系的边缘学科。生物药剂学是 20 世纪 60 年代迅速发展起来的药剂学新分支，为正确评价药物制剂质量、设计合理的剂型和制备工艺及指导临床合理用药提供科学依据，以确保用药的有效性和安全性。它在指导给药方案的设计，探讨人体生理及病理状态对药物体内过程的影响，疾病状态时的剂量调整，剂量与药理效应间的相互关系及对药物相互作用的评价等方面均发挥重要作用。生物药剂学的研究重点与药理学、生物化学有本质区别，它既不像药理学，把对机体某些部位的作用方式与机制作为主要研究内容；又不像生物化学，把药物如何参与机体复杂的生化过程作为中心内容。

二、工业药剂学

工业药剂学（industrial pharmaceutics）是研究药物剂型和制剂的理论、生产制备技术和质量控制的综合性应用技术学科，是药剂学的核心。工业药剂学主要包括药物剂型和制剂的基本理论、制备技术、生产工艺和质量控制等方面内容，是从事药物制剂的生产、研究、开发新剂型工作的基础。工业药剂学继承药剂学基本内容，重点讲述了制剂加工技术，如粉碎、分级、混合、制粒、压片、过滤、灭菌、空气净化等制剂单元操作和设备组成。药品是特殊的产品，要求其在生产中必须遵循药品生产质量管理规范（Good Manufacturing Practice，GMP）。工业药剂学是材料科学、机械科学、粉体工程学和化学工程学等课程理论和实践的有机结合体，在新剂型的研究与开发、处方设计、生产工艺技术的研究与改进和提高药品质量方面均具有指导作用。

三、物理药剂学

物理药剂学（physical pharmacy）是用物理化学基本原理、方法和手段研究药剂学中有关药物剂型设计的理论学科。在 20 世纪 50 年代，基本形成独立科学体系。物理药剂学通过对物质的化学、物理变化规律与机制的认识，指导药物制剂或剂型成型的实践。例如，应用胶体化学及流变学的基本原理，指导混悬剂、乳剂、软膏剂等药物制剂的处方、工艺的设计和优化；应用粉体学原理，指导药物固体制剂的处方、工艺设计和优化；应用化学动力学原理，评价并提高药物制剂稳定性；应用表面化学和络合原理，阐述药物的增溶、助溶机制等。物理药剂学涉及的研究范围广泛，随着生物物理学、分子药理学、基因工程学和酶化学等新科学和新技术的发展而不断完善。

四、药用高分子材料学

药用高分子材料学（polymer science in pharmaceutics）以高分子物理、高分子化学和高分子材料工艺学为基础，研究药用高分子材料合成、结构和性能的一门综合性学科。该学科吸收高分子物理、高分子化学和高分子材料工艺学的有关内容，为新剂型处方设计提供材料选择和制备方法上的指导。药用高分子材料学以研究聚合物的原理和特性，人工合成或天然功能性聚合物的结构、性能和应用等为基础，对新剂型研发和提高制剂质量起着重要支持和推动作用。

五、药 动 学

药动学（pharmacokinetics，PK）系应用动力学原理的数学模式，定量地描述和概括药物通过各种途径进入体内的吸收、分布、代谢和排泄，即吸收、分布、代谢和排泄（ADME）过程的量-时变化的动态规律的一门学科。药动学主要研究各种体液、组织和排泄物中药物的代谢产物水平与时间的关系，进一步建立反映该过程所需的数学模型。药动学与生物药剂学、药理学和毒理学等学科密切相关，是这些学科的主要基础并推动这些学科不断地蓬勃发展。近年来，该学科取得了飞速发展，其研究成果已经在指导新药设计，改进药物剂型并根据临床需要提供高效、速效、长效、低毒和低副作用的药物制剂，优选给药方案等方面发挥重要作用。

六、临 床 药 学

临床药学（clinical pharmacy）是以患者为对象研究合理、有效和安全用药的学科，是医学和药学相互渗透、有机结合的交叉性学科。20 世纪 70 年代发展为独立学科，主要任务是指导临床正确选择和合理应用药物。内容包括药物制剂的临床研究与评价；药物制剂生物利用度研究与评价；药物配伍变化及相互作用研究和评价；临床用制剂和处方研究；药物剂量临床监控；个体化给药方案设计及实施等。临床药学的出现，改变了医院部门中药剂工作者的传统观念，实现了以药品为目标到以患者为目标的观念转变，确立了药师指导临床用药的地位，为提高临床用药水平奠定了基础。

第四节 药物剂型的作用与分类

一、药物剂型的重要性

（一）改变药物的作用性质

药物的剂型不同，其作用性质可能会不一样，如静脉注射 20%甘露醇利尿，而口服甘露醇则泻下。

（二）改变药物的作用速度

传统的口服制剂，药物必须经过胃肠道的吸收进入血液循环才能起效。而舌下片、注射剂等，药物可直接进入血液循环而发挥作用，特别适用于急病治疗。缓控释制剂能较长时间地维持血药浓度，使药物长时间发挥疗效。

（三）降低或消除药物的不良反应

药物发挥作用，依赖血药浓度，普通制剂血药浓度不稳定且需要多次给药。例如，氨茶碱用于治疗哮喘时，常引起心搏加快等不良反应，制成缓释制剂后，能控制药物释放的速率并保持稳定的血药浓度，有效降低药物不良反应。

（四）产生靶向作用

药物选择性的高低决定其不良反应的大小，选择性高的药物，其不良反应相对较小。因此，制成具有靶向作用的制剂，药物能够在靶器官富集，达到减少药物使用量、提高药物的疗效和降低药物不良反应的目的，如阿霉素脂质体制剂。

（五）影响疗效

剂型不同，生物利用度不同，疗效也不一样。例如，口服制剂具有明显的肝首过效应，若制成注射剂或舌下片，药物制剂可直接进入血液循环，避免首过效应，大大提高生物利用度。

二、药物剂型选择的基本原则

（一）根据防治疾病的需要选择

药物剂型需满足防治疾病需要。例如，急性病患者，要求药效迅速，宜用注射剂等速效剂型；而慢性病患者，用药宜缓和、持久，常用片剂、长效制剂等；皮肤病患者，一般可用软膏剂、膏药和涂膜剂等剂型；腔道病变者，可选用栓剂和膜剂等。

（二）根据药物本身及其成分的性质选择

药物及其成分的理化性质是决定药物剂型的重要因素之一，因此选择药物剂型时，应掌握处方中主要有效成分或活性成分的溶解性、稳定性等。一般而言，方中含较多难溶性或水中不稳定的成分、挥发油或有异臭的药物，不宜制成液体制剂。而药物成分易被胃肠道破坏、对胃肠道刺激性较大或因肝脏首过效应易失效等，则不宜制成口服剂型。

（三）根据三效、三小、五方便的要求选择

制剂应以发挥高效、长效、速效（三效）的治疗作用为主要目的，以减小给药剂量、药物毒性和不良反应（三小），以及服用、携带、生产、运输、储藏方便（五方便）的要求来选择适宜的剂型。就高效、速效而言，注射剂、舌下片等最为合适；就长效而言，可制成缓释或控释制剂；就减少给药剂量而言，可以制成颗粒剂、胶囊剂等；就携带、运输、储藏而言，固体剂型最为方便。

三、药物剂型的分类

（一）按分散系统分类

按分散系统对药物剂型进行分类，便于应用物理化学的原理来阐明各类制剂的特征。但是该种分类方法不能反映用药部位与用药方法对剂型的要求，如一种剂型可以归入几个分散体系中。

1. 溶液型 药物以分子或离子状态（质点的直径≤1nm）分散于分散介质中所形成的均匀

分散体系，亦称低分子溶液，如芳香水剂、溶液剂、糖浆剂、甘油剂、酯剂、注射剂等。

2. 胶体型 分散质点直径在 1～100nm 的分散体系。有两种，一种是高分子溶液的均匀分散体系；另一种是不溶性纳米粒的非均匀分散体系，如胶浆剂、火棉胶剂、涂膜剂等。

3. 乳剂型 油性药物或药物的油溶液以液滴状态分散在分散介质中所形成的非均匀分散体系，分散相直径在 0.1～50μm，如口服乳剂、静脉注射乳剂和搽剂等。

4. 混悬型 固体药物以微粒状态分散在分散介质中所形成的非均匀分散体系，分散相直径在 0.1～100μm，如合剂、洗剂和混悬剂等。

5. 气体分散型 液体或固体药物以微粒状态分散在气体分散介质中所形成的分散体系，如气雾剂和粉雾剂。

6. 固体分散体系 如片剂、散剂、颗粒剂、胶囊剂和丸剂等。

7. 微粒分散型 药物以不同大小微粒呈液体或固体状态分散，如微球制剂、微囊制剂和纳米囊制剂等。

（二）按给药途径分类

1. 经胃肠道给药剂型 系指药物制剂经口服用后进入胃肠道，发挥局部作用或经吸收发挥全身作用的剂型，如常用的散剂、片剂、颗粒剂、胶囊剂、溶液剂、乳剂和混悬剂等。容易受胃肠道中的酸或酶破坏的药物，一般不能采用该剂型。口腔黏膜吸收的剂型不属于胃肠道给药剂型。

2. 非经胃肠道给药剂型 系指经非胃肠道途径给药的剂型，这些剂型可在给药部位起局部作用或被吸收后发挥全身作用。一些药物制剂可以同时设计成经胃肠道和非胃肠道途径给药的剂型。例如，同一药物可以设计成口服散剂和外用散剂；乳剂可以制成口服乳剂和外用乳剂等。

（1）注射给药剂型：包括静脉注射、肌内注射、皮下注射、皮内注射及腔内注射等多种注射途径。

（2）呼吸道给药剂型：如喷雾剂、气雾剂和粉雾剂等。

（3）皮肤给药剂型：如洗剂、搽剂、软膏剂、硬膏剂、糊剂和贴剂等。

（4）黏膜给药剂型：如滴眼剂、滴鼻剂、眼用软膏剂、含漱剂、舌下片剂、粘贴片及贴膜剂等。

（5）腔道给药剂型：如栓剂、气雾剂、泡腾片、滴剂及滴丸剂等，用于直肠、阴道、尿道、鼻腔和耳道等。

（三）按形态分类

1. 液体剂型 如芳香水剂、溶液剂、注射剂、合剂和洗剂等。

2. 气体剂型 如气雾剂和喷雾剂等。

3. 固体剂型 如散剂、丸剂、片剂、栓剂和膜剂等。

4. 半固体剂型 如软膏剂和糊剂等。

形态相同的剂型，其制备工艺也比较相近。例如，制备液体剂型时多采用溶解分散等方法；制备固体剂型多采用粉碎和混合等方法；半固体剂型多采用熔融和研磨等方法。

（四）按是否进行无菌操作分类

本分类主要有以下两种形式。

（1）非无菌剂型：固体制剂包括散剂、丸剂、胶囊剂等非可压制剂和片剂等可压型制剂；半固体制剂包括软膏剂、糊剂、胶浆剂和贴剂等。液体制剂包括均相制剂（如溶液剂及乳剂）和非均相制剂（混悬剂）。

（2）无菌制剂：注射用制剂包括针剂、输液剂、粉针剂、注射用冷冻干燥制品等；眼用制剂包括滴眼剂、眼膏剂、洗眼剂等；植入剂。

第五节　药物制剂的新技术与新剂型

应用现代制剂技术制备的药物新剂型，可以改善现有普通剂型及制剂的使用效果，通过适宜的给药方式可以以最小的剂量达到最佳的疗效。

一、药物制剂的新技术

（一）固体分散体的制备技术

固体分散体（solid dispersion）系指药物以分子、胶态、微晶等状态均匀分散在某一固态载体物质中所形成的分散体系。将药物均匀分散于固体载体的技术称固体分散技术（solid dispersion technology）。固体分散体的主要特点：①可以将难溶性药物高度分散于固体载体中；②大大提高药物的溶出速率，从而提高药物的口服吸收与生物利用度；③可用于油性药物的固体化；④难溶性药物以速释为目的，载体多以水溶性材料为宜，如果以缓释或肠溶为目的，可使用难溶性或肠溶性高分子材料。

常用载体有水溶性聚合物，如聚乙烯吡咯烷酮和聚乙二醇等；水溶性小分子化合物，如蔗糖、葡萄糖、柠檬酸和琥珀酸等。应用一些水不溶性或难溶性载体材料为药物载体，可阻止药物释放，以达到缓释或控释目的，常见乙基纤维素、邻苯二甲酸乙酸纤维素和聚丙烯酸树脂等，脂质物常见胆固醇和棕榈酸甘油酯等。此外，表面活性载体对于游离性药物，作为分散剂或乳化剂，使药物分散或乳化，可显著提高药物溶解度。利用固体分散体制备的缓控释制剂越来越多，难溶性药物伊曲康唑，选用聚乙烯吡咯烷酮（PVP_{K30}）为载体，采用喷雾干燥法制备其固体分散体，显著提高伊曲康唑溶解度与体外溶出速率。药物的固体分散体技术相对成熟，但是药物固体分散体稳定性问题需要考虑，其制剂特点：①载药量小，需要大量的载体材料才能达到理想的溶出效果，因此不适用于剂量大的难溶性药物；②存在物理稳定性问题，固体分散体属于高能不稳定态，高度分散的药物分子有可能自发聚集成晶核，微晶逐渐生长成为稳定晶粒，亚稳态或无定形态晶型可转化成稳定晶型，该过程称为老化；③工业化生产需要解决以下问题，固体分散体通常在高温或大量使用有机溶剂的情况下生产，其操作过程比较复杂，影响质量的关键环节较多。尽管有多种产业化生产的制备技术，如滴丸剂的制备技术、热熔挤出技术等，但仍需继续改进以提高生产效率和保证产品质量。

（二）包合物制备技术

包合物（inclusion compound，inclusion complex）系指一种分子被全部或部分包合于另一种分子的空穴结构内形成的特殊的复合物。包合技术主要指的是主分子和客分子进行物理包合作用，互相间不发生化学反应。目前多用环糊精为包合材料，可显著改变药物理化性质，在促进药物稳定性、增加难溶性药物溶解度和生物利用度上有着显著的作用，同时具有降低药物不良反应和刺激性的特点，并且有着防止挥发性药物挥发等优点。近年药物包合物制剂相关报道：①难溶性药物前列腺素 E_2 经包合后溶解度大大提高，可制成注射用粉末；②盐酸雷尼替丁经包合后稳定性得到很好的改善；③陈皮挥发油的包合物可粉末化，防止挥发；④诺氟沙星的 β-环糊精包合物，起效快，相对生物利用度远高于市售胶囊剂；⑤维 A 酸 β-环糊精包合物，其稳定性明显提高，不良反应明显降低；⑥硝酸异山梨酯的甲基-β-环糊精包合物，在体内有明显的缓释性。目前国内上市的产品有采用环糊精包合技术的碘口含片、吡罗昔康片和螺内酯片等。

（三）微囊与微球制备技术

利用天然的或合成的高分子材料作为囊膜，将固态药物或液态药物包裹而成药库型微型胶囊，简称微囊。若使药物溶解或分散在高分子材料基质中，形成骨架型的微小球状实体则称微球。微囊与微球的直径大小为 5～250μm。微球与微囊有时没有严格区分，可通称为微粒，二者在释药模式上没有明显差异。

药物微囊化的目的：①掩盖药物的不良气味及口味；②提高药物稳定性；③防止药物在胃内失活或减少药物对胃的刺激性；④使液态药物固态化，便于应用与储存；⑤减少复方药物的配伍变化；⑥可制备缓释或控释制剂；⑦使药物浓集于靶区，提高疗效，降低不良反应；⑧将活细胞生物活性物质包囊。近年来药物微囊化技术的研究突飞猛进，采用微囊化技术的药物如解热镇痛药、抗生素、多肽、避孕药、维生素、抗癌药及诊断用药等。人工化学栓塞或通过注射油液或乳状液的淋巴系统导向肿瘤的靶向微粒制剂已获得成功，临床上将微囊化技术用于敏感生物分子，如蛋白质、酶、激素、肽类等，可减少蛋白质或多肽药物活性损失。

（四）纳米粒与亚微粒制备技术

纳米粒是由高分子物质组成的粒径为 10～100nm 的骨架型纳米球或膜壳型纳米囊。粒径 100～1000nm，则为亚微粒。药剂学中纳米粒、亚微粒具有特殊的医疗价值，制成纳米粒或亚微粒药物后，可影响药物的体内过程。纳米药物制剂与普通药物制剂相比，具有较大的表面积、较强的化学活性和较快的吸收速度，在跨过生物体屏障、控制药物释放和药物靶向性定位等方面，纳米药物都具有优越性。例如，采用少量表面活性剂稳定的纳米混悬剂，属于纯药物粒子所形成的一种亚微米胶体分散体系，其能增加药物溶出度、提高药物的生物利用度和增加药物的稳定性。此种技术的应用，使得溶解性差的抗生素类或抗肿瘤药物和一些治疗窗窄的药物有了发挥药物良好疗效的机会。已上市纳米混悬剂有治疗乳腺癌药物紫杉醇、免疫抑制剂西罗莫司和止吐药阿瑞吡坦。此外，纳米粒或亚微粒对肝、脾或骨髓等部位均具有靶向性，原因是肿瘤的血管间隙只有 100nm，小于 100nm 的负载抗癌药物的粒子，可利用肿瘤细胞高渗透长滞留效应（enhanced permeability and retention effect，EPR）功能，进入肿瘤发挥更好的疗效。

（五）脂质体制备技术

脂质体（liposomes）是磷脂分散在水中时形成的一个球状的脂质双分子层，其内部为水相的闭合囊泡。磷脂、三酰甘油类和胆固醇是脂质体的主要成分。由于其结构类似生物膜，故又称人工生物膜（artificial biological membrane），具有高度的生物相容性。脂质体作为药物载体，具有以下优点：既能包封脂溶性药物，又能包封水溶性药物；能有效地保护包裹物；能有效地控制药物释放；可通过改变脂质体大小和电荷，以控制药物在体内组织中的分布及在血液中的清除率；改变脂质体某种物理因素，如改变用药局部 pH 或病变部位温度等，能明显改变脂质体膜的通透性，促使脂质体选择性地释放药物；可用单克隆抗体等配体修饰脂质体，靶向病变部位；脂质体进入体内后主要被网状内皮系统中吞噬细胞所吞噬，这能激发机体的自身免疫功能，使药物主要分布在肝、脾、肺和骨髓等组织器官中，从而提高药物的治疗指数；脂质体本身对人体无毒性和免疫抑制作用；脂质体适合多途径给药等。自 1965 年英国科学家发现脂质体后，脂质体作为一种给药载体在医药领域的研究中得到广泛关注，并取得令人瞩目的成就。

二、药物新剂型

剂型是活性药物进入机体前的最终存在形式，其发展经历了五个阶段：传统剂型、常规剂型、缓控释剂型、靶向剂型、时间定时释药剂型。后三阶段是近二三十年才发展起来的药物新剂型，也可统称控释给药系统，其根本目的在于提高药物的临床疗效、安全性和有效性，降低全身不良反应，更积极主动地发挥药物的治疗作用。

（一）缓控释制剂

缓释制剂（sustained release preparations）系指用药后能在长时间内持续放药以达到长效作用的制剂，其药物释放主要是一级速率过程。而控释制剂（controlled release preparations）系指药物按预先设定好的程序缓慢地恒速或接近恒速释放的制剂，一般符合零级动力学过程，其特点是释药速度仅受制剂本身设计的控制，而不受外界条件，如 pH、酶、胃肠蠕动等因素的影响。

缓控释制剂与普通制剂相比，有以下优点：①减少服药次数，大大提高了患者的顺应性；②释药徐缓，使血药浓度平稳，避免峰谷现象，有利于降低药物的不良反应，减少耐药性的发生；③缓控释制剂可发挥药物的最佳治疗效果；④某些缓控释制剂可以按要求定时、定位释放，更加适合疾病的治疗。

从 20 世纪 50 年代末期，国外就开始研究口服缓控释制剂，70 年代已有产品上市，而我国 70 年代末才开始研制。近年来，缓控释和迟释制剂的种类逐年增多，临床上以口服为主，主要用于高血压、心绞痛、糖尿病、抑郁症、慢性胃炎、哮喘等疾病的治疗，以及发挥镇痛、抗菌等作用。通常缓控释制剂中所含的药物量比相应一次剂量的普通制剂多，工艺也较复杂。如果出现较大不良反应等特殊情况，不能立即停止治疗。因此，为了既能获得可靠的治疗效果，又不致引起突然释放带来不良反应的危险性，必须在设计、试制、生产等环节避免或减少突然释放。缓控释和迟释制剂体外、体内的释放行为应符合临床要求，且不受或少受生理与食物因素的影响。所以应有一个能反映体内基本情况的体外释放度实验方法，以控制制剂质量，保证制剂的安全性与有效性。

（二）靶向制剂

靶向制剂亦称靶向给药系统（targeting drug delivery system，TDDS），是通过载体使药物选择性地浓集于病变部位的给药系统，病变部位常被形象地称为靶部位，它可以是靶组织、靶器官，也可以是靶细胞或细胞内的某靶点。靶向制剂不仅要求药物到达病变部位，而且要求具有一定浓度的药物在这些靶部位滞留一定的时间，以便发挥药效，成功的靶向制剂应具备定位、浓集、控释及无毒可生物降解等四个要素。

1. 靶向制剂的作用机制 是将药物包裹或嵌入液晶、液膜、脂质、类脂蛋白及生物降解高分子物质中，制成微粒、复合型乳剂、脂质体等各种类型的胶体或混悬系统，通过多种给药方式使这些微粒选择性地聚积于肝、脾、淋巴等部位释放而发挥疗效。而口服结肠靶向释药系统是通过适当的方法，使药物经口服后避免在胃、十二指肠、空肠和回肠前端释放，而是运送至回盲肠后释放并发挥局部或全身疗效的一种新型给药系统。

2. 靶向制剂的特点

（1）定位浓集：在靶器官或作用部位释药，能到达靶器官、靶细胞，甚至细胞内的结构，并要求有一定浓度的药物停留相当长的时间，以便发挥药效。这样，既可以提高疗效，又可降低药物的毒副作用。

（2）控制释药：许多药物在体内迅速被代谢或排泄，故作用时间较短，将药物包封成脂质体，由于减少了肾排泄和代谢而延长其在血液中的滞留时间，使某些药物在体内恒定地缓慢释放，从而延长药物的作用时间。

控制释药系统是以时辰药物治疗学为指导，以时辰药理学原理为设计依据，根据人体生物节律变化特点，利用相关技术和辅料调节制剂的释药行为，按照生理和治疗需要而定时、定量释药的一种新型给药体系。在预定时间内控制释药速度，使人体获得平稳有效治疗的血药浓度，使疗效/剂量最佳化，减少用药剂量、服用次数和药物不良反应。

（3）低不良反应：靶向制剂注射给药后，改变了药物的体内分布，主要在肝、脾、骨髓等单核-巨噬细胞较丰富的器官浓集，这种体内分布的改变必然减少心脏、肾脏和其他正常组织细胞中的药物浓度，因此将对心脏、肾脏有较强毒性的药物，如多柔比星、两性霉素等制成脂质体，可明显降低其心脏、肾脏毒性，这也是靶向制剂用于抗癌药物的主要优点之一。

（4）提高药物制剂的生物利用度：生物利用度是指药物被机体吸收进入循环的相对量和速率，用 F 表示，$F=（A/D）\times 100\%$，其中 A 为进入体循环的量，D 为口服剂量。影响生物利用度的因素较多，包括药物颗粒的大小、晶型、填充剂真密度、赋型剂及生产工艺等，生物利用度是药物制剂质量的一个重要指标。

3. 靶向制剂的分类

（1）被动靶向制剂：系指由于载体的粒径、表面性质等特殊性使药物在体内特定靶点或部位富集的制剂。载药微粒被单核-巨噬细胞系统的巨噬细胞（尤其是肝的库普弗细胞）摄取，通过正常生理过程运送至肝、脾等器官。被动靶向的微粒经静脉注射后，在体内的分布主要取决于微粒的粒径大小。通常粒径在 2.5～10μm 时，大部分积集于巨噬细胞。小于 7μm 时一般被肝、脾中的巨噬细胞摄取，200～400nm 的纳米粒（包括纳米球与纳米囊）集中于肝后迅速被肝清除，小于 10nm 的纳米粒则缓慢积集于骨髓。大于 7μm 的微粒通常被肺的最小毛细血管床以机械滤过方式截留，被单核白细胞摄取进入肺组织或肺气泡。此外，微粒表面性质对分布也起着重要作用。带负电荷的微粒静脉注射后易被肝的单核-巨噬细胞系统滞留而靶向于肝，带正电荷的微粒易被肺的毛细血管截留而浓集于肺。

（2）主动靶向制剂：是用修饰的药物载体作为“导弹”，将药物定向地运送到靶区浓集发挥药效。例如，载药微粒经表面修饰而避免被巨噬细胞识别；连接特定配体，与靶细胞的受体结合或连接单克隆抗体成为免疫微粒，避免巨噬细胞摄取，防止在肝内浓集，改变微粒体内自然分布而到达特定靶部位；将药物修饰成惰性前体药物，在特定靶区被激活发挥作用。微粒通过主动靶向到达靶部位而不被毛细血管截留，一般粒径小于 4μm。

（3）物理化学靶向制剂：指利用物理化学法，使靶向制剂在特定部位发挥药效。例如，应用磁性材料与药物制成磁导向制剂，在足够强的体外磁场引导下，通过血管到达并定位于特定靶区；使用温度敏感载体，制成热敏感制剂，在热疗机的局部作用下，使热敏感制剂在靶区释药；利用对 pH 敏感的载体制备 pH 敏感制剂，使药物在特定的 pH 靶区内释药。用栓塞制剂阻断靶区的血供和营养，起到栓塞和靶向化疗的双重作用。此类制剂不仅要求药物选择性地到达靶组织、靶器官、靶细胞或细胞特定结构，还要求药物浓集以发挥药效，载体应无毒副作用。

无论被动靶向、主动靶向，还是物理化学响应的靶向机制，都不是孤立和绝对的，如有些主动靶向需以被动靶向为前提，响应型和主动或被动靶向协同起效，可提高药物在靶点部位的浓度而提高药效。另外，对于靶向特异性不够明确的制剂，还必须考虑到体内复杂的组织结构和微环境，个体间的差异和可能产生的脱靶效应（off target effect）。

4. 靶向制剂存在的问题及发展前景 靶向制剂是一类具市场开发潜力的新剂型，其独特优势正逐渐被研究者重视，尤其在抗肿瘤领域。此类制剂在研究中发现能有效阻止癌细胞转移，缩小肿瘤体积，肿瘤术后采用靶向制剂化疗，显现出好的效果，必将会逐步应用于临床。但此类制剂仍存在问题，影响此类制剂的市场化进程，如微球制剂的药物包封率和载药量低问题、微球制备过程中残留溶剂的毒性问题和药物稳定性问题。

（三）TDDS

TDDS 是指药物以一定的速率透过皮肤经毛细血管吸收进入体循环的一类制剂。TDDS 一般系指经皮给药新剂型，即贴剂，而广义的 TDDS 包括软膏剂、硬膏剂、巴布剂和贴剂，还有涂剂、气雾剂、喷雾剂、泡沫剂和微型海绵剂等。

在 TDDS 中，药物的经皮吸收过程主要包括释放、穿透及吸收进入血液循环 3 个阶段。药物经皮吸收的途径：一是表皮途径，药物透过完整表皮进入真皮和皮下脂肪组织，被毛细血管和淋巴管吸收进入体循环，这是药物经皮吸收的主要途径；二是皮肤附属器途径，药物通过皮肤附属器吸收要比表皮途径快，但其表面积小，不是药物经皮吸收的主要途径。

TDDS 具有以下优点：①避免了口服给药可能发生的肝首过效应及胃肠灭活，提高了治疗效果，药物可长时间持续扩散进入血循环。②维持恒定的血药浓度或生理效应，增强了治疗效果，减少了胃肠给药的不良反应。③延长作用时间，减少用药次数，改善患者用药顺应性。④患者可以自主用药，减少个体差异，患者可以在皮肤上自行用药和停药。TDDS 亦存在缺点：①不适合剂量大或对皮肤产生刺激的药物；②起效慢，不适合要求起效快的药物；③给药部位的药物吸收差异较大等。

TDDS 是药物制剂研究热点，它还可与缓释制剂、前体药物、控释制剂及靶向制剂相结合，设计新型透皮缓释制剂、透皮前体药物、透皮控释制剂和透皮靶向制剂。美国 129 类处于临床评价的制剂中有 51 类属于经皮或皮肤局部应用制剂，临床前研究的 77 类新产品有 30%属于 TDDS。在亚洲，日本、韩国和印度加大对 TDDS 的投入，多种药物的 TDDS 处于临床前或临床研究。我国新型 TDDS 的开发已取得明显成果，如东莨菪碱贴片、硝酸甘油贴片、细心痛贴片、可乐定贴片、烟碱贴片和雌二醇贴片已投入市场，部分制剂做出独创性改进。

第六节 药物新剂型与新技术应用实例

一、生物药剂学分类系统Ⅱ类药物剂型多样化设计案例

在2019年统计的20～79岁罹患糖尿病患者人数，我国当前有1.164亿（未计入港澳台数据）患者，居世界首位，占全球糖尿病患者人数的1/4，此趋势预计将持续到2045年。2型糖尿病常用的治疗药物有磺脲类、双胍类、胰岛素增敏剂、α-葡萄糖苷酶抑制剂和格列奈类胰岛素促分泌剂。格列美脲属于磺脲类药物，是目前临床评价最优的磺脲类降糖药之一。但格列美脲水中难溶，导致其药物剂型多样化受限，极大限制患者用药剂型选择性。目前，临床多见其固体制剂，未见其他剂型。拓展格列美脲制剂，关键是解决其药物溶解度问题。

格列美脲，1-[[4-[-2（3-乙基-4-甲基-2-氧代-3-吡咯啉-1-甲酰胺基）乙基]苯基]磺酰基]-3-（反式-4-甲基环己基）脲，属第三代磺酰脲类长效降糖药。格列美脲在酸性或中性介质中溶解度极差（＜4μg/ml，37℃），但具备较高的Caco-2细胞渗透性。按照生物药剂学的分类系统，格列美脲溶解度低而膜渗透性高，应该属于生物药剂学分类系统（biopharmaceutics classification system，BCS）Ⅱ类药物，此类药物常用增溶、助溶、潜溶、微粉化、包合物、固体分散体和微乳等制剂技术来提高药物溶解度，改善药物体内生物利用度，获得新型制剂形式，使患者用药方便，提高患者用药顺应性。

文献报道采用固体分散体技术和包合物技术制备其难溶药物固体分散体和包合物，均在不同程度上改善药物溶解度，获得较为理想结果。采用微乳技术制备药物纳米乳，能改善药物生物利用度，为其药物的液体制剂设计提供支持。例如，采用三元相图和Box-Behnken设计，获得Capryol 90油相、Cremophor RH40表面活性剂和Transcutol助表面活化剂的优化格列美脲微乳处方，处方中格列美脲溶解度可达545μg/ml，相比药物在水中溶解度增大了340倍。糖尿病小鼠腹腔注射或灌胃375μg/kg药物微乳显示出良好的降糖效果；相比大鼠灌胃同剂量的格列美脲混悬剂，载药微乳能显著增大动物体内生物利用度。此外，以格列美脲自乳化释药体系为贴剂基质，制备的格列美脲-HPMC膜和药物-壳聚糖膜体外释药优于纯药膜。大鼠降糖实验显示，格列美脲-HPMC膜的降糖效果显著优于药物-壳聚糖膜。

二、胰岛素生物大分子药物的肺部给药研发设计

2007年10月18日，制药企业辉瑞宣布世界上第一个用于糖尿病治疗的胰岛素肺部吸入粉雾剂Exubera停止生产与销售。此胰岛素粉雾剂距离上市不足2年，研发先后花费28亿美元。历时13年，1993开始研发，进行多达20多项Ⅱ/Ⅲ期临床试验，于2006年1月27日在欧盟上市。此后，于2006年2月1日，获美国FDA批准上市。虽然辉瑞公司Exubera退市，并不意味着胰岛素粉雾剂开发以后不会成功。但这一案例出现，使得我们获得一些有益的经验。

胰岛素性质：胰岛素是由51个氨基酸组成的双链多肽激素；A链21个氨基酸，B链30个氨基酸；不同物种，序列不同；$M=5808$；呈酸性，pH 4.5～6.5；等电点pI 5.3～5.35；几乎不溶于水，易溶于稀酸或稀碱水溶液中，也易溶于酸性（或碱性）稀醇（80%以下）和稀丙酮水溶液中，在其他无水有机溶媒中均不溶；在酸性溶液中（如pH 3.5）较稳定，在碱性溶液中

极易失去活性，其他凡能改变蛋白质结构的因素，如加热、强酸、强碱和蛋白酶等都可使胰岛素受到破坏。胰岛素为治疗糖尿病首选，分子量大、溶解度高、透膜性低、稳定性差，类似BCS Ⅲ类药物属性。皮下注射是传统给药方式，但长期的皮下注射常伴随着严重的不良反应。为提高患者的用药顺应性，包括经肺部给药在内的胰岛素给药新剂型得到广泛的研究。

吸入粉雾剂是一种新型的肺部给药系统，具有稳定性好、不含抛射剂氟利昂等优点。Exubera 被证实是一种有效、起效快、耐受良好的胰岛素制剂，是非侵入性无痛给药方式，可提高糖尿病患者用药的依从性。但 Exubera 涉及潜在安全性风险，是其退市重要原因。胰岛素吸入存在 90%肺部残留，药物如何代谢以去除残留是一个重大问题。大量累积的胰岛素，是否影响肺呼吸功能，需要进行科学的长期评价。此外，长期应用胰岛素粉雾剂是否存在诱导肺肿瘤的风险，有待评估。因此，只有完全解释清楚上述长期安全性问题，才能以胰岛素粉雾剂形式真正放心投入医药市场，为多数糖尿病患者选择此种治疗制剂提供安全保证。

思考题

1. 药剂学的基本概念是什么？
2. 药剂学的主要任务是什么？
3. 药剂学有哪些分支学科？
4. 药物制剂的新技术和新剂型有哪些？
5. 根据药剂学发展史你获得什么启示？

（杨文智）

第五章　药物分析学

第一节　药物分析学的发展简史与应用

一、药物分析发展史简介

药物分析学是整个药学科学领域中一个重要的组成部分。哪里有药物，哪里就有药物分析。因此，药物分析学是一门方法学科、眼睛学科。整个药学科学事业的迅猛发展对药物分析不断地提出新的要求，诸如药剂学的剂型研究已经由一般的片剂或注射剂向着微囊制剂、控释制剂乃至靶向制剂等方向发展；对于这些制剂都必须运用适当的分析方法进行药动学、药效学及相应质量标准的研究和制定。现代药物化学研究药物的化学结构与生物活性之间的关系，深入揭示药物分子与作用受体的关系及机制，从而进行分子设计和定向合成及生产工艺过程的优化与工艺流程的在线质量控制，这离不开现代分析手段的辅助。为了研究确定天然产物或中药活性成分的化学结构，必须采用多种结构分析方法并进行综合波谱解析；新资源的开发应用，对中药的真伪优劣鉴别，尤其是对于一些中成药质量控制的综合评价更需要各种先进的分离技术，才有可能打破目前难以全面评价的局面。

总之，药物分析是分析化学中的一个重要分支，它随着药物化学的发展逐渐成为分析化学中相对独立的一门学科，在药物的质量控制、新药研究、药物代谢、手性药物分析等方面均有广泛应用。随着生命科学、环境科学、新材料科学的发展，生物学、信息科学、计算机技术的引入，分析化学迅猛发展并已经进入分析科学这一崭新的领域，药物分析也发挥着越来越重要的作用，在科研、生产和生活中无处不在，尤其在新药研发及药品生产等方面扮演着重要的角色。

1. 起源　1980 年我国药物分析奠基人之一安登魁先生在他主编的《药物分析》中提出，药物分析主要利用化学、物理化学或其他有关化学的手段来研究化学结构已经明确的合成药物或天然药物及其制剂的质量问题，2007 年第 6 版《药物分析》提出药物分析主要研究化学结构已经明确的合成药物或天然药物及其制剂的质量控制方法，也研究中药制剂和生物制品及其制剂有代表性的质量控制方法；2008 年曾苏等提出药物分析学是运用物理、化学、物理化学、微生物学、信息学等方法，通过研发、制造和临床使用等过程的各个环节，全面保证和控制药品质量。这些定义主要针对药物质量研究，与当时我国药学的研究水平相适应，促进了药物分析学科的发展。

2. 发展　近年来随着药物科学研究的进步，药物分析作为药物科学研究的方法科学、眼睛科学，无论是分析领域，还是分析技术，都已经大大拓展。使得药物分析从 20 世纪初的一种专门技术，逐步发展成为一门日臻成熟的科学——药物分析学。它包括药物分析技术和药物分析科学两大研究领域，前者侧重于应用研究，后者则偏向于基础或应用基础研究。

3. 现在　传统的药物分析，大多局限于通过分析药物成分来控制药品质量。然而，药学已从以物质为中心转移到与生命科学结合的基础上来，这已经深刻地影响到药物研发、制造、临床试验及药物使用。随着 21 世纪药物科学的迅猛发展，生命科学与药学的融合趋势日益加深，药理学、医学等生物学相关学科的科学问题对药物分析学形成了新的挑战和机遇。应用现代分析技术和方法，研究药物作用于机体产生的效应及其作用机制，是药物分析学一个正在拓展的领域，而药物分析学的进一步发展，也需要生物学、医学、理学和工学的技术支撑，呈现明显的学科交叉特征。

众所周知，哪里有药物，哪里就需要药物分析学。药理学、毒理学、药剂学、药物化学和中药学等学科的发展都离不开药物分析学。保障药品质量安全离不开各种药物及其杂质或代谢物的分析方法；各类药物组学（药物基因组学、药物转录组学、药物蛋白质组学、药物代谢组学、药物细胞组学等）研究中，分析和鉴定技术发挥着关键的作用；各类生物标志物的发现和药物的体内过程探究更是需要药物分析学提供高灵敏的分析检测技术。而药物分析学的发展也离不开相关学科的促进，药学各相关学科对药物分析学学科不断提出更高更新的要求，只有通过与相关学科的深入交叉和合作研究，才能更好地发挥分析方法的作用。

长期以来，我国药物分析学虽然也有原始创新的工作，但主要还是以应用为主。广大药物分析科研工作者探索本学科发展方向，着力深化基础研究，积极提高创新能力，坚持为药物研发、评价、安全、应用提供先进和科学的分析检测技术，在药物分析学科基础研究和应用基础研究领域取得了长足的进步。目前，已经形成一支较大规模的队伍，研究工作也具有相当的积累。但是，与其他学科比较，基础研究尚显薄弱；学科发展到了一个关键的转折点，即从“服务支撑”向“创新引领”转变。只有完成了这个战略转变，药物分析学才有可能成为引领学科。为此，需要针对药物特别是大分子的生物技术药物、大分子多糖、miRNA 等，围绕成分分析和活性（药理活性和药物毒性）检测两个方面，在体外和体内两个层面，开展药物分析学研究。

药物分析常被认为是药物科学研究的“眼睛”，为药物研究工作者提供望得更深、看得更远的检测方法，成功应用现代药物分析方法将开阔视野和提供更多的机会去解决药物学和药理学研究的科学技术问题。因此，药物分析学将集成药学、化学、生物学和仪器工程学等的新理论新方法，发展独创性药物成分分析和药物活性分析方法及相关技术，深入新药研发、药物制造和药品临床使用的各个环节，解决药物学和药理学的科学技术问题，为我国药物科学的基础研究、新药研究、药品安全性研究提供高通量、高内涵、高分辨、超微量分析方法，加速新药研究，保证药品质量和用药安全，形成我国药物分析学新体系。

因此，我们需要充分解放思想、增强创新意识、凝练研究方向，扩大研究队伍，加强学科交叉，促进学科发展。只有这样，药物分析学科才能走到其他学科的前面，带动整个药学学科的发展。

二、药物分析学的应用

1. 药物分析在药物研发中的应用　新药物的研究和开发是药学的重要任务。从先导化合物的发现到创新药物的临床验证和上市是一个复杂的高技术的系统工程，涉及药学、化学、生物学、临床医学和行政管理等多个领域。

药物分析既是创新药物研究的重要组成，又是这一高技术综合系统中各单元相互衔接关联、紧密合作的重要纽带。药物分析通过对活性药物单体（active pharmaceutical ingredient，AP）、原料药（drug substance）和创新药物（investigational new drug，IND）的结构分析鉴定，为新药的发现提供技术保障；对创新药物进行质量分析、有关物质研究、稳定性研究，确保开发的新药质量合理与可控；对创新药物进行体内样品分析研究与测定，揭示药物的吸收、分布、代谢和排泄的特征和机制，保障药品使用的安全、有效和合理。所以，药物分析是创新药物研究的“工具”和“眼睛”。

2. 药物分析在药品生产过程中的应用　药品的质量与其生产过程直接相关。所以，药物分析的任务不应是静态和消极被动地对药品生产的最终产品进行分析检验，而应该深入到药品生产的实际，对生产过程进行全程的质量分析控制和管理，从而及时发现和解决生产过程中的质量问题，促进生产，提高质量。生产药品所需的原料、辅料必须符合药用要求。药品生产的工艺路线必须确定，工艺条件必须稳定。例如，在化学原料药物的生产过程中，需要对起始原料、反应液、中间体、精制纯化和残留溶剂等进行跟踪监测；在中药的生产过程中，需要对原料药材炮制加工过程、提取物等进行质量分析控制；在水难溶性药物固体制剂的生产过程中，则常需对原料药的晶形和粒度的大小进行控制，对制剂处方工艺条件和药物的溶出度进行跟踪考察。只有对药品生产的中间产品进行了必要的质量分析与控制，才能够保证生产的药品质量合格。药品生产企业必须对其生产的药品进行质量检验，不符合药品质量标准的产品不得出厂。

3. 药物分析在药品经营中的应用　药品均有特定的稳定性特征，受到温度、湿度和光照等环境因素的影响，往往会发生降解而引起质量变化。为了保障药品的品质和安全有效性，药品在流通和经营过程中，必须注意严格按照药品规定的条件进行储运和保存，定期对药品进行必要的分析检验以考察其质量的变化，并在规定的有效期限内销售和使用。

4. 药物分析在药品使用中的应用　药品的质量合格是其临床使用安全与有效的首要保障。患者的生理因素（性别、年龄等）、病理状态（疾病的类型和程度）、基因类型、吸收、代谢及分泌、排泄功能等都影响到药物在体内的行为，从而影响药物的疗效和使用的安全。所以，开展临床治疗药物的分析监测，揭示药物进入体内后的动态行为，指导医生合理用药与个体化用药，是保障临床用药安全有效和合理的重要措施。

5. 药物分析在药品监督管理中的应用　由于药品是用于治病救人保护健康的特殊商品，药品的质量和安全直接关系到人的健康，甚至生命安全。药品的质量控制和安全保障至关重要。各国政府为加强药品监督管理，保证药品质量，保障人体用药安全，维护人民身体健康和用药的合法权益，设立有专门机构对药品的研制、生产、经营和使用进行质量与安全的指导、监督和管理工作，对药品的生产、经营和进口均实行行政许可制度。

国务院药品监督管理部门（国家药品监督管理局）主管全国药品监督管理工作。国务院有关部门在各自的职责范围内负责与药品有关的监督管理工作。省、自治区、直辖市人民政府药品监督管理部门负责本行政区域内的药品监督管理工作。药品监督管理部门设置或者确定的药品检验机构，承担依法实施药品审批和药品质量监督检查所需的药品检验工作。所以，药物分析是国家对药品实施监督和管理，维护药品生产和使用正常秩序，打击假冒伪劣的重要技术支撑和工具手段。

总之，药物分析是药学科学的重要分支学科，是药学研究的重要技术手段，发挥着“眼睛”的重要作用。药物分析的任务就是对药物进行全面的分析研究，确立药物的质量规律，建立合理有效的药物质量控制方法和标准，保证药品质量的稳定与可控，保障药品使用的安全、有效和合理，为人类社会不断增长的对健康和生命安全的需求服务。

药物分析课程旨在培养学生强烈的药品质量观念，使其掌握药物分析研究的方法和技能以胜任药物分析工作。

第二节　药物分析学的基本概念与主要内容

一、基本概念

药物分析学是从20世纪初逐步发展起来的一门日臻成熟的科学。该学科涉及的研究范围包括药品质量控制、临床药学、中药与天然药物分析、药物代谢分析、法医毒物分析、兴奋剂检测和药物制剂分析等。随着药物科学的迅猛发展，各相关学科对药物分析学不断提出新的要求。它已不再局限于对药物进行静态的质量控制，而是发展到对制药过程、生物体内和代谢过程进行综合评价和动态分析研究。

二、药物分析学的主要内容

药物分析学是药学学科中的一门二级学科。它是运用物理学、化学、物理化学、生物学和微生物学等的方法和技术，研究药物的定性和定量分析、药物的质量控制和新药开发研究的一门科学。现阶段的主要研究内容有如下几点。

1. 药物质量标准的制定，药物的定性和定量分析　药品的真伪和药品的含量在临床上具有至关重要的意义，药品的质量研究也是药物分析学的重要内容之一。药品在研发过程中需要对其质量进行系统、深入的研究，制定出科学、合理、可行的质量标准，并不断地完善，以控制药品的质量，保证药品安全。

（1）质量标准的建立：药品质量标准建立的基本过程包括确定质量研究的内容、进行方法学研究、确定质量标准的项目及限度、制定及修订质量标准。

药物的质量研究是质量标准制定的基础。质量研究的内容尽可能全面，既要考虑一般性要求还要有针对性。要根据所研制产品的特性、采用的制备工艺，结合稳定性研究结果来确定，以使质量研究的内容能充分地反映产品的特性及质量变化的情况。方法学研究包括方法的选择和方法的验证：方法选择的依据，包括文献依据、理论依据及试验依据；鉴别项目，应重点考察方法的专属性、灵敏度和准确性。质量标准的项目及限度应在充分的质量研究基础上，根据不同药物的特性确定，以达到控制产品质量的目的。根据已经确定的质量标准的项目和限度，参照《中华人民共和国药典》，制定出合理、可行的质量标准。随着药品研发的进程、分析技术的发展，质量标准应进行相应的修订。研发者通常还应考虑制备工艺的改变、改换原料药、生产单位等对质量标准的影响。质量标准的完善过程通常要伴随着产品研发和生产的始末。

（2）药物的定性分析和定量分析：定性分析主要是解决研究对象“有没有”和“是不是”的问题。例如，鉴定某药物是否有某几种成分，但是无须知道此成分的具体含量。定性分析可以根据药物的分子结构、理化性质，采用物理、化学或生物学方法来确定是否含有某种成分。定性分析是药物质量检测的首要任务，只有在药物定性分析无误的情况下，进行药物的杂质检查和含量测定才有意义。

定量分析不仅要确定某种成分是否存在，而且要具体检测出其具体的含量。这时简单的化学反应就不足以满足定量分析的要求。药品定量分析方法有很多，包括容量分析法、色谱法（chromatography）、液质联用等。

2. 体内药物分析　体内药物分析是一门研究生物机体中药物及其代谢物和内源性物质的

质与量变化规律的分析方法学。它是通过分析人或动物体液及各组织器官中药物及其代谢物浓度，了解药物在体内数量和质量的变化，获得药动学的各种参数和转变，以及代谢的方式、途径等信息。因此，体内药物分析直接关系到药物的体内作用机制与质量评价，以及药物临床使用的安全性、有效性和合理性。

在体内药物分析中，生物样品成分复杂，除被测组分外，往往含有大量内源性物质、代谢产物及共存药物等干扰物质，且被测组分的含量很低，要准确地测定生物样品中的药物浓度，必须除去妨碍测定的杂质，对样品进行预处理。生物样品中的药物必须经过分离、纯化、富集，必要时还需对待测组分进行化学改性处理。根据生物样品的种类、所用的测定手段、被测药物的种类及浓度等不同，预处理方法各异。传统的生物样品处理方法有沉淀蛋白质和液液萃取等，这些方法虽广泛使用，但它们不利于实现自动化、需要消耗大量有毒试剂，不利于环保和操作人员的健康。近年来，固相萃取技术、固相微萃取技术、微透析取样技术、柱切换等多种新技术的发展，使得生物样品的处理技术向着低污染、高选择、高通量、自动化、在线化方向发展。

复杂的生物样品经预处理后大多需要再分离。目前，用于体内药物分析的分离技术主要是色谱技术。经典的色谱技术有液相色谱法（liquid chromatography，LC）、气相色谱（gas chromatography，GC），除此之外还有许多新型色谱分析法，如超高效液相色谱（ultra high performance liquid chromatography，UPLC）、整体色谱、亲水型色谱等新技术、新方法。

近年来体内药物分析测定前样品的处理和测定的新方法、新技术不断增加，使得从样品的采集、处理、分离到检测完全自动化成为现实，采集样品的无损化、微量化，获得信息的高通量化、在线化，试剂消耗的低量化，已成为今后体内药物分析发展的新方向。

3. 中药分析 中药分析学是以中医药理论为指导，运用现代分析理论和方法，研究中药质量的一门学科。中药天然产品的日益普及也引发了人们对其毒性及对其成分的不确定性的担忧。在西方，人们对中医的疗效和安全性知之甚少，迫切需要中医药工作者对中药天然产物如何发挥作用及其作用机制做出合理的解释。因此，为了更好地了解中药的药理基础，加强产品质量控制，需要灵敏、全面的分析技术。

（1）中药指纹图谱技术：如何客观评价中药的质量一直是药学工作者致力解决的难题。近年来，中药指纹图谱已经成为表征中药整体性、模糊性和特异性的良好方法。利用指纹图谱技术，可实现中药的定性分析和特定目标成分定量分析的有机结合，达到对中药质量进行全面控制。

色谱指纹图谱分析为中药质量评价提供了一种合理的方法。它利用色谱技术构建了中药中多种化合物的特异性识别模式。不仅可以确定所需标记物的活性的缺失或存在，而且可以确定可检测分析物的完整比例。此外，气相色谱-质谱联用（GC-MS）、高效液相色谱-光电二极管阵列检测器（HPLC-DAD）、高效液相色谱-质谱-质谱联用（HPLC-MS-MS）、高效液相色谱-磁共振波谱联用（HPLC-NMR）、高效液相毛细管电泳-质谱联用（CE-MS）等联用技术，结合近年来在化学计量学、数据库检索、结构解析等方面发展起来的解析方法，使对中药色谱指纹图谱中检测到的主要化合物进行定性和定量分析成为可能。药物的色谱指纹图谱不仅代表了一个全面的定性分析方法，用以中草药药物及其相关产品的物种身份验证，评估质量、一致性和稳定性，而且形成了一个综合化工基地来进一步研究中药的作用机制。

（2）高效液相色谱-质谱联用技术：中药成分复杂，其有效成分的复杂性赋予了其多种代谢可能，代谢物常具有种类多而浓度低的特点；中草药及其代谢物中普遍存在同分异构体现象，使得一般的串联质谱技术很难鉴定其结构（代谢产物对照品一般难获得）。通常使用高效液相色谱-质谱联用技术对中药进行分析。常压化学电离和电喷雾电离是两种常用的离子源。采用三重四极、离子阱、傅里叶变换离子回旋共振和飞行时间质谱仪作为在线分析仪。尽可能深入地研究结构特征与破碎模式之间的关系，并将其应用于在线分析中，推导出检测到的峰的结构。参考标准的特征破碎行为，以及从保留时间数据、在线紫外光谱、文献数据和生物源中获得的信息，使提取物中的化学成分得以鉴定。尽管质谱仪不是通用探测器，高效液相色谱法加上多级质谱技术仍被证明是一个分析大多数中药的快速而灵敏的方法，特别是对于那些微量或痕量的检测。因此，采用高效液相色谱-质谱联用技术建立的方法可以方便、快速地对中药及其制剂进行质量控制。

4. 药物分析中的新技术和新方法及其在药学与生物医学中的应用 随着药品研发方向不断拓展和药物分析领域的深入研究，传统分离分析技术和方法已难以满足研究需求。寻求科学、快速、有效的分析技术和方法是现代药物分析科学的发展方向之一，其目的在于实现药物质量控制的快速性，提高准确性、灵敏度及解决体内样品基质复杂、检测难度大等问题。

（1）毛细管电泳技术及其应用：毛细管电泳是以高压直流电场为驱动力，在内径为 25～100nm 的石英熔融毛细管柱内荷电粒子按其淌度或迁移速度的差异而实现分离的一类液相分离技术。

《中华人民共和国药典》中用毛细管电泳法检查抑肽酶中去丙氨酸-去甘氨酸-抑肽酶和去丙氨酸-抑肽酶；此外，普萘洛尔、阿替洛尔和美托洛尔 3 种药物采用毛细管电泳-内标法可以实现同时测定，此分析方法对于这 3 种药物分析的结果准确、快速、高效；山楂药材中黄酮类成分可采用胶束电泳毛细管色谱法进行指纹图谱分析，黄酮类组分在 210nm 波长下有强吸收，该研究精密度、重复性、稳定性良好，可成功用于控制山楂药材的质量。毛细管电泳技术发展迅速，有望在制药工程等领域获得更广泛的应用。

（2）超高效液相色谱技术及其应用：超高效液相色谱是在高效液相色谱基础上发展起来的，是一种小颗粒填充的液相色谱技术。作为高效液相色谱分析药物开发新化合物的替代方法，超高效液相色谱在不影响分离质量的前提下，可以显著缩短分离时间，是一种适合于常规药物分析的方法。

磺胺类抗生素抗菌范围广、价格低廉、效果好，广泛用于人类和动物相关疾病的防治中，但磺胺类抗生素比其他种类的抗生素使用量更大。所以磺胺类药物在动物性食品中容易残留，对人体健康产生一定危害，大多数国家对动物源性食品中磺胺类药物的最大残留量做出了规定。因此研究灵敏度高的食品中磺胺类药物检测方法具有重要意义。使用超高效液相色谱法分析磺胺类抗生素，选用 45%乙腈为流动相，能在 6min 内快速地分离 6 种磺胺类药物。

与传统的高效液相色谱法相比，超高效液相色谱法具有高分离度、高速率、高灵敏度的优势。使用超高效液相色谱与质谱检测器连接，对天然产物分析，特别是中药研究领域将是一个极大的促进。

（3）手性高效液相色谱技术与应用：手性药物是指含有手性中心的药物。临床上部分药物存在同分异构体，互为同分异构体的药物疗效相差很大甚至作用相反。对于手性药物分析的高效液相色谱法有很多种类型。首先是柱前衍生法，该方法以现代色谱分离技术为基础，引入手性环境（不对称中心），使药物对映体间呈现理化性质的差异而实现分离。其次是手性流动相法，手性流动相法不必将样品制备成衍生物，只需将手性试剂加入流动相中，手性添加剂与样品形成各种手性络合物，根据形成的复合物的稳定常数的不同而获得分离。再次是手性固定相拆分法，手性固定相拆分是通过物理吸附或化学键合法把手性化合物键合到固定相载体上。

新型非麻醉性中枢镇痛药盐酸奈福泮对中、重度疼痛有良好的止痛效果，其镇痛作用与吗啡相当。研究发现，盐酸奈福泮对映体的镇痛活性不同。因此，盐酸奈福泮对映体的拆分对其质量控制和临床研究至关重要。可以使用键合纤维素手性固定相的高效液相色谱法拆分盐酸奈福泮对映异构体。

（4）联用技术：主要包括气相色谱-质谱联用仪和液相色谱-质谱联用仪（LC-MS）。气相色谱-质谱联用仪由两个主要部分组成：气相色谱部分和质谱部分。气相色谱使用毛细管柱，其关键参数是柱的尺寸及固定相的性质。当试样流经柱子时，根据各组分分子的化学性质的差异而得到分离。分子被柱子所保留，然后在不同时间流出柱子。流出柱子的分子被下游的质谱分析器所俘获，然后经离子化、加速、偏向，最终分别测定离子化的分子。质谱仪是通过把每个分子断裂成离子化碎片并通过其质荷比来进行测定。气相色谱-质谱联用仪把气相色谱和质谱放在一起使用比单独使用其中一个精密很多倍。液相色谱-质谱联用仪集液相色谱的高分离能力与质谱的高灵敏性、极强的结构解析能力、高度的专属性和通用性、分析速度快于一体，已经成为药品质量控制、体内药物和药物代谢研究中其他方法所不能代替的有效工具。

鸡骨香根及其主要萜类和黄酮成分具有抗炎、抗肿瘤和抑制血管新生等药理活性。由于鸡骨香以根入药，采挖出来的植株去根后，枝叶被直接丢弃，造成了资源浪费。鸡骨香叶片具有浓厚的香气，已有报道采用顶空固相微萃取-气相色谱-质谱联用法分析了鸡骨香叶的挥发性成分组成。通过气相色谱-质谱分析、计算机检索和谱库比对，从鸡骨香叶中共鉴定出 54 种化合物。

总之，药物分析是研究药物的质量规律及发展药物分析与控制的科学。因此，药物分析的发展离不开药物分析技术与分析方法的发展。

第三节 药物分析学的技术与方法

一、药物分析技术分类简介

1. 光谱法 在近代分析化学中，凡是根据物质发射的电磁辐射或电磁辐射与物质的相互作用而建立起来的一类仪器分析方法，广义上统称光学分析法。任何光学分析法均包含 3 个主要过程：能源提供能量；能量与被测物质相互作用；产生被检测讯号。光学分析法涉及的电磁辐射不只局限于可见光学光谱区，而是包括了从 γ 射线、X 射线、紫外光、可见光、红外光、微波到无线电波的所有的电磁波谱范围。电磁辐射与物质相互作用的方式有吸收、发射、散射、折射、反射、干涉、衍射、偏振等。

如果物质与辐射能作用时内部发生量子化能级之间的跃迁，测量由此而产生的发射、吸收或散射辐射的波长和强度的方法称为光谱法，如原子发射光谱法（atomic emission spectrometry，AES）、原子吸收光谱法（atomic absorption spectrophotometry，AAS）、原子荧光光谱法（atomic fluorescence spectrometry，AFS）、紫外-可见吸收光谱法（ultraviolet and visible spectrophotometry，UV-Vis）、分子荧光光谱法（molecular fluorometry）、红外吸收光谱法（infrared absorption spectroscopy，IR）、磁共振波谱法（nuclear magnetic resonance，NMR）、顺磁共振波谱法（paramagnetic resonance spectroscopy，ESR）、X 射线荧光光谱法（X-ray fluorescence spectrometry，XFS）及穆斯堡尔谱法（mossbauer spectrometry）等。

当物质受到一定能量的粒子束（如电子、光子、离子等）的轰击便可得到物质的各种特征信号，有不同频率的光子、不同能量的电子及不同能量和质量的离子。测量这些信号中光子（电磁辐射）部分的方法是各类光谱法，而测量这些信号中的电子及离子部分的方法——电子能谱法和质谱法同样可以得到有关物质的存在、结构及含量的极为重要的信息，在许多分析化学文献中，也把电子能谱法和质谱法（包括离子探针）归并在光谱法中。

如果物质同辐射相互作用时没有发生能级之间的跃迁，电磁辐射只改变了传播方向、速度或某些物理性质如偏振面的旋转等，这些方法就属于非光谱法，如折射法、偏振法、旋光色散法、圆二色性法、浊度法及 X 射线衍射法等。拉曼光谱既不是吸收又不是发射，是基于一种特殊的散射作用。

（1）紫外-可见分光光度法：研究物质在紫外-可见光区（200～760nm）分子吸收光谱的分析方法称为紫外-可见分光光度法。紫外-可见吸收光谱属于电子光谱，由于电子光谱的强度较大，故紫外-可见分光光度法灵敏度较高，一般可达 10^{-6}～10^{-4}g/ml。目前应用紫外-可见分光光度法，在定性上不仅可以鉴别不同官能团和化学结构不同的化合物，而且可以鉴别结构相似的不同化合物；在定量上，不仅可以进行单一组分的测定，而且可以对多种混合组分不经分离进行同时测定。此外还可以根据吸收光谱的特性，与其他分析方法结合，用以推断有机化合物的分子结构。

（2）荧光光谱法：物质吸收光子能量而被激发，然后从激发态的最低振动能级回到基态时所发射出的光称为荧光（fluorescence）。利用某些物质在紫外光照射时所发出的荧光的特性及强度进行物质的定性或定量分析的方法称为荧光分析法（fluorometry）。荧光分析法具有高灵敏度、高选择性、方法简便、取样量少等优点，越来越成为测定药物的重要手段。

（3）红外分光光度法：由分子的振动、转动能级产生的光谱，称为中红外吸收光谱（mid-infrared absorption spectrum，Mid-IR），简称红外吸收光谱或红外光谱。由分子的纯转动能级跃迁所产生的光谱称为远红外光谱（Far-IR）及微波谱（microwave spectrum，MV）。利用样品的红外吸收谱进行定性分析、定量分析及测定分子结构的方法，称为红外分光光度法（infrared spectrophotometry）或红外吸收光谱法。红外光谱法是一种专属性很强、应用较广（固体、液体、气体样品）的鉴别方法，主要用于组分单一、结构明确的原料药，特别适合于用其他方法不易区分的同类药物，如磺胺类、甾体激素类和半合成抗生素类药品。

（4）磁共振波谱法：磁共振波谱与其他分子吸收光谱一样，是由分子吸收波长 650～100cm^{-1}、频率为兆赫数量级（MHz）的电磁辐射而产生。这种电磁辐射的能量很低，会引起核自旋能级之间的跃迁。若将有磁性的自旋原子核置于强磁场中，则磁性原子核的自旋能级发生分裂，分裂的能级之间的能量差很小，当用照射的电磁波能量与能级差相等时，便可引起核自旋能级的跃迁，这种现象称为磁共振。利用磁共振波谱进行有机化合物分子结构测定、定性及定量分析的方法称为磁共振波谱法。由于大多数药物都含有质子，因此最常用的是 ^{1}H-NMR，其光谱中的化学位移（δ）、峰面积、偶合常数、弛豫时间均是鉴定化合物结构的重要参数，而峰面积或峰高也可直接用于被测组分定量。

（5）原子吸收分光光度法：基于蒸气相中被测元素的基态原子对其原子共振辐射（特征电磁辐射）的吸收，测定该元素含量的分析方法，称为原子吸收分光光度法。原子吸收分光光度法也是利用吸收原理进行分析的，但就吸收机制而言，分子吸收和原子吸收具有本质区别。原子吸收只有原子外层电子的跃迁，是一种窄带吸收，又称谱线吸收，通常只使用锐线光源。原子吸收分光光度法具有灵敏度高、选择性好、精密度高、测量范围广的优势，但也有一定局限性，如标准曲线的线性范围窄，一般仅为一个数量级；每测定一种元素通常要使用一种元素灯，使用不够方便。

2. 色谱法 随着科学技术的发展，分析工作者面临的分析对象越来越多是多种组分混合的复杂体系。对复杂物质的分析经常需要将样品中的各组分先分离，然后再逐个进行定性或定量分析。早期的分离采用沉淀法、萃取法、蒸馏法、升华法等经典技术，而当代分析工作者主要是采用色谱分析方法。色谱法创始于 20 世纪初，国际纯粹与应用化学联合会（International Union of Pure and Applied Chemistry，IUPAC）推荐色谱的定义：色谱是待分离组分在两相中获得分离或分布的物理分离方法，这两相中保持不动的一相，称为固定相（stationary phase），另一相携带试样向一定方向移动称为流动相（mobile phase）。色谱法是利用不同物质在不同色谱条件下，产生各自的特征色谱行为（比移值或保留时间）进行的试验。应用仪器进行色谱分离分析全过程的色谱法称为现代色谱法，现代色谱法具有高灵敏度、高选择性、高效能、分析速度快及应用范围广等优点。

（1）气相色谱法：是用气体作流动相的色谱方法。气相色谱法的流动相为气体，又称为载气，起到携带组分沿色谱柱流动的作用，对分离的影响很小。在应用范围之内，气相色谱法具有分离效率高、分析速度快、样品用量少、检测灵敏度高等优点。试样需要气化后才能被分离。对于挥发性较差或极性较大的样品，需要采用衍生化或裂解等方法，增加挥发性或改变其色谱行为，达到峰形对称和分离的目的。气相色谱已经是很成熟的分析技术，广泛应用于石油化学、环境监测、生物化学、食品分析、医药卫生等领域。在药物分析中，气相色谱主要用于有关物质检查分析，如残留有机溶剂的检查、原料药及制剂的鉴别与含量测定。

（2）高效液相色谱法：以液体为流动相的色谱法称为液相色谱法。采用普通规格的固定相及流动相常压输送的液相色谱法为经典液相色谱法，这种色谱法的柱效低、分离周期长，而且一般不具备在线检测器，通常作为分离手段使用。高效液相色谱法是以经典液相色谱法为基础，引入气相色谱的理论与实验方法，发展而成的分离分析方法。它与经典液相色谱法的主要区别是流动相改为高压输送、采用高效固定相、具有在线检测器及仪器化等。该法具有安全、分离效能高、分析速度快、应用范围广、流动相可选择性范围宽、灵敏度高、色谱柱可反复使用、流出组分容易收集等优点。

（3）平面色谱法：是指组分在以平面为载体的固定相和流动相之间进行展开而实现分离和分析的一种色谱方法，主要包括薄层色谱法和纸色谱法。薄层色谱法（thin layer chromatography，TLC）是用载板上涂布或烧结的薄层物质作为固定相的平面色谱法。纸色谱法（paper chromatography，PC）是用纸作为固定相或载体的平面色谱法。薄层色谱因其固定相选择种类较多，适用范围较广。20 世纪 80 年代以后，薄层色谱的仪器化程度和水平不断提高，出现了现代薄层色谱，不仅克服了经典薄层色谱手工操作分辨率低、重现性差等缺点，还大大提高了定量分析结果的准确度和重现性。

（4）毛细管电泳法：在电场作用下，电解质溶液中的带电粒子向带相反电荷的电极迁移的过程称为电泳（electrophoresis）。电泳过程中带电粒子因电荷符号、电荷数量和形状大小不同，造成迁移速率的差别而被分离。利用电泳现象进行定性、定量分析的方法称为电泳法。在充满了电解质溶液的毛细管中进行的电泳法，称为毛细管电泳法（capillary electrophoresis，CE）。毛细管电泳法和高效液相色谱法的主要区别在于高效液相色谱法的分离原理是基于组分在固定相和流动相中的分配系数不同，使各组分保留时间不同而分离，属色谱行为；毛细管电泳法是基于电场作用下带电粒子的大小、电荷符号与数量等不同，导致各组分迁移速率不等而分离，属电泳行为。

3. 质谱法 是对被测样品离子的质量进行分析的仪器分析方法，是将被测物质离子化后，在高真空状态下按离子的质荷比（*m/z*）大小分离而实现物质成分和结构分析的方法。质谱图通过离子谱峰及相互关系，提供与分子结构有关的信息。质谱信息是物质的固有特征之一，不同的物质除一些异构体外，均有不同的质谱信息，可利用这一性质进行定性分析。如果一个中性分子丢失或得到一个电子，则分子离子的质荷比与该分子质量数相同，使用高分辨率质谱可得到离子的精确质量数，然后计算出该化合物的分子式。分子离子的各种化学键发生断裂后形成碎片离子，由此可推断其裂解方式，得到相应的结构信息。

由于质谱的形成过程与光谱有相似之处，质谱仪中的离子源、质量分析器和检测器分别类似于光谱仪中的光源、单色器和检测器，因而通常将质谱、磁共振波谱、红外光谱、紫外光谱合称为四谱。有机质谱法在药学中的主要用途：①确定化合物的分子量和分子式；②推测未知化合物的可能结构；③与标准品质谱或数据库中的质谱比较对化合物进行定性分析；④作为综合光谱解析的正确性的验证；⑤与气相色谱或液相色谱联用，对复杂体系组分的定性及定量分析。

质谱分析法具有以下特点：①应用范围广，适用于不同类别的化合物，气体、液体或固体样品，已广泛应用于化学、化工、材料、环境、能源、医药学等各个领域；②灵敏度高，目前有机质谱仪的绝对灵敏度可达 10^{-11}g，检出限可达 10^{-14}g，用微克量级的样品即可得到分析结果；③分析速度快，一般只需数秒钟，最快可达 1/1000s，易于实现色谱-质谱联用。

4. 联用技术 两种色谱法或色谱法与光谱法联用的方法，称为色谱联用技术。色谱联用技术分为两大类：色谱-色谱联用技术和色谱-光谱联用技术。色谱-色谱联用主要是为了提高分辨能力，色谱-光谱联用旨在提高定性鉴定能力。在色谱-光谱联用技术中，色谱作为分离手段，光谱充当鉴定工具，二者取长补短，已成为当今分析领域中复杂样品最重要的分离分析方法。

（1）色谱-色谱联用技术：两种色谱法的联用技术，也称多维色谱法。色谱-色谱联用的主要目的是提高色谱系统的分辨能力与增加峰容量等。常见的色谱-色谱联用技术有二维薄层色谱法（2D-TLC，或称多向展开）、气相色谱-气相色谱联用（GC-GC）、高效液相色谱-高效液相色谱联用（HPLC-HPLC）、高效液相色谱-气相色谱联用（HPLC-GC）、气相色谱-薄层色谱联用（GC-TLC）等。

（2）色谱-光谱联用技术：色谱与光谱或质谱联用的技术，统称色谱-光谱联用技术。

1）气相色谱-傅里叶变换红外光谱联用（GC-FTIR）：由于一般光栅红外分光光度计的扫描速率较慢，跟不上气相色谱的出峰速率，而一次傅里叶变换红外光谱的全波数扫描时间可以小于 0.1s，因此出现了气相色谱-傅里叶变换红外光谱联用仪。该联用仪能给出每个气相色谱峰的红外吸收光谱，弥补了气相色谱定性难的弱点。

2）气相色谱-质谱联用：质谱仪具有扫描快、灵敏度高的特点，而且电子轰击源（electron bombardment ion source，EI）所获得的质谱，碎片信息量大，重复性好。因此气相色谱-质谱联用仪多具有 10 万或几十万张质谱的数据库，以供比对定性。虽然气相色谱-质谱联用仪是最成熟的联用装置，但由于受样品挥发性的限制，适用范围不如液相色谱-质谱联用。

3）高效液相色谱-紫外吸收光谱联用（LC-UV）：是最简单的色谱-光谱联用技术，具有二极管阵列检测器（DAD）的高效液相色谱仪即具有此功能。二极管阵列检测器能给出每个色谱峰的紫外吸收光谱，用于定性和峰纯度鉴定，以及定量分析的最佳波长选择信息。

4）高效液相色谱-质谱联用：是生物样品、药物分析、药物代谢、临床诊断、食品及环保分析等研究领域中最重要的分离分析方法。虽然由于组分的质谱图对条件变化敏感，重现性较差而目前尚无高效液相色谱-质谱数据库用于检索对比定性，但质谱给出的准分子离子及碎片离子的大量信息，大大提高了对组分的鉴定能力。电喷雾离子化（electrospray ionization，ESI）及大气压化学离子化（atmospheric pressure chemical ionization，APCI）是高效液相色谱-质谱联用常用的“软电离”离子源。

5）毛细管电泳-质谱联用：毛细管电泳法是分离效果最好的分离方法，是生命科学、医学诊断及法医鉴定最重要的分析手段。质谱是最灵敏的分析仪器，二者结合，从理论上讲应是最理想的联用技术，但由于受质谱对样品挥发性要求的限制，在毛细管电泳-质谱联用时，毛细管电泳背景电解质溶液的改善是亟待解决的课题。

二、中药分析方法

中药分析方法是以中医药理论为指导，对中药材、中药饮片、提取物和中药制剂质量进行研究的分析方法，是药物分析学科的一个重要组成部分，也是药物分析学科中独具特色的一部分。

中药是指在中医理论指导下，用于预防、治疗、诊断疾病并具有康复和保健作用的物质，可以分为植物药、动物药和矿物药等。

长期的临床用药证明中药在防治疾病领域有确切的疗效。中药大部分是植物药，小部分是动物药和矿物药。与化学药物不同之处在于一味中药中即含有多种类型的化学成分，临床治疗中又常使用多味中药，而且中药作用特点是多成分以“整体”的形式作用于机体。因此，完全套用化学药物的质量控制方法不能客观、全面、真实地反映中药的质量，中药的质量评价和质量控制是药物分析工作中的难题，所以需要建立一套符合中医药特色的用于科学评价中药质量的完整体系。

本节就中药的特色与分析特点、中药分析方法等方面进行论述。

1. 中药的特色与分析特点

（1）中药的质量有多环节、多因素的影响：中药与其制剂的质量受多环节、多因素的影响。中药材的种类繁多、成分复杂、场地分散、替代品（代用品）多，加之生长环境、采收季节、加工炮制等因素，造成其所含的化学成分及临床疗效的差异，而中药制剂又受到生产工艺、包装运输、储藏等因素的影响，质量控制的环节更为复杂。例如，世界有甘草 20 种，我国有 12 种，其中 2020 版《中华人民共和国药典》收载的甘草药材植物有 3 种，甘草、光果甘草和胀果甘草，其根和根茎供药用。

中药制剂方面，根据国家药品监督管理局国产药品数据查询，临床上常用的六味地黄丸约有 600 个厂家企业生产。这些处方相同的制剂，原料、产地、设备和工艺的差异均会带来活性成分含量的差异进而导致临床药效的波动。而目前的质量标准还不能全面反映和评价这些药品整体上的差异。

因此，我们不仅要从中药的品种基源、生长环境、采收时间、加工炮制、生产工艺、包装材料、储藏运输等各个方面进行严格把关，而且要建立健全科学的中药质量分析体系来满足实际生产、市场流通及临床应用的需要。

（2）中药与其制剂的成分有复杂多变的特点：植（动）物由于发生二次代谢过程，通过不同的生物合成途径产生了多种不同结构的成分。例如，中药党参中含有几十种甾体类成分，它们都有相同或类似的母体，同时党参中又有糖类、党参苷类及挥发油等多类成分。中药成分的复杂性构成了中药功效的多样性，这是中药常具有多个方面的功效或多种药理作用的基础，也是中药与化学合成药品质量标准的根本区别。因此，仅以其中某成分或某类成分为指标进行分析不能完全反映该药物的质量优劣。此外，生长环境、采收季节、生长年限及部位差异等因素造成了不同来源的同种中药成分的含量差异显著。

1）不同植物来源中药的相同成分含量差异显著：《中华人民共和国药典》收载的中药有些是多基源品种，如黄连、吴茱萸、蔓荆子、茵陈等，黄连和吴茱萸均有 3 种植物来源，茵陈和蔓荆子均有 2 种植物来源，而不同植物种间化学成分的含量是有差异的。例如，2020 版《中华人民共和国药典》收载的“黄连”的 3 种基源植物中小檗碱的含量在云连中最高，在雅连中最低，在味连中的含量居中。

2）不同产地中药的相同成分含量差异显著：这是中药中普遍存在的问题。例如，金银花，在不同产地其有效成分绿原酸含量差异极显著：山东平邑所产为 5.665%，山西大谷为 3.88%，云南大理为 1.81%。

3）不同采收期中药的相同成分含量差异显著：不同采收期植物代谢水平的变化造成化学成分的含量不同。例如，广藿香叶挥发油含量，绿叶采收时的样品质量最好，其次是叶子变红时采收的样品，变黄落地及落地较久的样品质量最差。桑叶中的主要有效成分是芦丁及绿原酸，最佳采收期应为 10 月下旬经初霜后。

4）不同药用部位中药的相同成分含量差异显著：研究表明人参果肉中 Fe 含量是主根的 7.5 倍，种子的 13.6 倍，叶中 Cu 的含量为主根的 45.1 倍，为花、梗的 51.5 倍。

5）不同生长年限中药的相同成分含量差异显著：红芪活性成分中浸出物的含量受生长年限的影响最显著，且随生长年限的增长而降低。

基于上述特点，在中药分析的过程中要充分重视以上因素的影响，注意品种产地、生长年限部位的不同情况。在取样过程中样品要具有一定的代表性，并严格按照规定的取样方法均匀合理地取样。建立分析方法、进行方法学验证时要注意线性范围、检测限、灵敏度等要求。

（3）中药在煎煮炮制及制剂过程中化学成分有量和质的变化：中药从药材加工到临床应用的整个过程会对其成分产生量和质的变化。方剂在水煎煮过程中，有些成分会结合形成单味药中不含的新成分；有些成分却在煎煮的过程中分解；有些成分的量会发生变化。

当多种中药共煎时，某些溶出的成分会相互作用而产生各种化学反应。当含鞣质的中草药与含生物碱的药材共煎煮时，除少数特殊生物碱外，大多数生物碱都能与鞣质反应生成大分子盐而发生沉淀。例如，栀子与黄连、黄柏配伍时，栀子中的环烯醚萜苷类化合物可与黄连、黄柏中的生物碱反应发生沉淀。另外，在炮制、干燥等环节其化学成分亦可发生量和质的变化。

因此在确定分析煎液和制剂的目标成分及分析方法的过程中，均要考虑成分变化的特性，特别是对有效成分和毒性成分的控制，以保证药品的质量稳定和用药安全。

（4）中药不同工艺和不同制剂中同一成分的质量标准有不同的要求：制剂工艺及辅料会对有效成分产生影响。例如，不同制剂工艺下的三黄泻心汤干浸膏，其大黄酸葡萄糖苷在常压浓缩、减压浓缩和逆浸透喷雾后的含量分别为 4.1%、51.6%和 98.6%，小檗碱的含量分别为 34.5%、37.5%和 94.5%。

中药制剂的剂型繁多，有丸、散、片、合、酒、酊、膏、露、栓等多种剂型，使用的辅料各不相同，如蜡丸中使用蜂蜡，糊剂中使用糯米粉、黄米粉等，多种辅料的应用增加了分析的复杂度和难度。针对不同的剂型应制定相应合理的质量标准。

2. 中药分析方法 中药及其制剂的分析主要是根据中药材、中药制剂的性状，组织学特征及所含化学成分的理化性质，采用一定的方法来对中药材及其制剂进行分析，分析方法分为鉴别方法和含量测定方法。

（1）中药的鉴别：通过确认其中所含药味的存在或某些特征性成分的检出从而达到鉴别的目的。中药及其制剂的鉴别主要包括性状鉴别、显微鉴别和理化鉴别等，各个鉴别项目之间相互补充，相互佐证。

1）性状鉴别法：中药及其制剂的性状鉴别是利用其外观形状及感官性质等特征作为真伪鉴别的依据，如药材和饮片的形状、大小、色泽、表面特征、质地、折断面特征、气味等，中药制剂的外观及内容物的形状、颜色、气味等均可作为描述的内容。性状鉴别是评价药材及其制剂质量的一项重要指标。

2）显微鉴别法：指用显微镜对药材切片、粉末、解离组织或表面制片及含饮片粉末的制剂中饮片的组织、细胞或内含物等特征进行鉴别的一种方法。鉴别时选择具有代表性的供试品，根据各品种规定制片。制剂根据不同剂型适当处理后制片。处方中的主要药味及化学成分不清楚或尚无化学鉴别方法的药味应做显微鉴别法，选择专属性与特征性较强的方法进行鉴别。处方中多味药物共同具有的显微特征不能作为定性的鉴别方法，否则只有其中一味也为阳性。例如，左金丸由黄连、吴茱萸两味药组成，因为它们均含有石细胞，所以不能采用石细胞作为鉴别的显微特征。

显微鉴别除用光学显微镜外，也可用电子显微镜，特别是用扫描电镜进行观察，可获得更多的微观信息和形态特征，使显微鉴别方法发展到更高的水平。

3）理化鉴别法：是根据中药及其制剂中所含的主要化学成分的理化性质，采用物理或化学的方法进行鉴别，从而判断其真伪。显色反应和沉淀反应因易被植物药中众多的成分干扰，现一般被薄层色谱法代替，但是它们在矿物药及一些特殊鉴别反应中仍有使用。一些药材和制剂中应用了微量升华法进行鉴别。

4）色谱鉴别法：具有分离度好、灵敏度高、专属性强、应用范围广等特点，特别适用于中药及其制剂的鉴别。色谱法常用的方法有纸色谱法、薄层色谱法、气相色谱法、高效液相色谱法和高效毛细管电泳法等。

薄层色谱法不需特殊的仪器，操作简便，具有分离和鉴定的双重功能，有多种专属的检测方法及丰富的文献资料，是中药制剂中最常用的鉴别方法。

另外，纸色谱、气相色谱和高效液相色谱法在定性鉴别中亦有不少应用。气相色谱法适用于药材与制剂中含挥发性成分的鉴别，如冰片、麝香等。

高效液相色谱法也可用于鉴别，一般情况下，若含量测定采用了高效液相色谱法，可同时用于鉴别。

5）指纹图谱与特征图谱鉴别法：中药色谱指纹图谱或特征图谱常用于中药材及制剂的鉴别，特别是当中药材及制剂缺乏用于鉴别的专属性成分或活性成分不清楚时，可通过表征其化学成分轮廓的指纹图谱鉴定该中药材或制剂。除可用对照成分外，还可用来源确定的对照药材作标准，达到鉴别的目的。中药指纹图谱指药材、饮片、提取物或中药成方制剂等经适当处理后，采取一定的分析技术和方法得到的能够标示其化学的、生物学的或其他特性的图谱。中药指纹图谱可通过多维分析测定手段对中药进行检测并尽可能全面地获得中药的化学成分整体特征信息，用于中药的质量评价、质量控制和新药研究。整体性和模糊性是中药指纹图谱的两个基本属性。理想的指纹图谱不仅能用于定性鉴别，还能用于定量分析。因此，指纹图谱是对中药质量控制的补充和提高。指纹图谱也有利于控制中间体、成品的一致性，减少批间差异。

运用中药指纹图谱定性与指标成分定量相结合的质量标准控制模式，可以在中药材的种植、采收、加工、生产、临床、储存和流通等各个环节全面控制中药的质量，提供质量优良、均一的中药用于临床。

（2）中药化学成分的含量测定：目前，色谱法也是中药及其制剂含量测定中应用最多的方法，尤其是高效液相色谱法和气相色谱法，其他方法如高效毛细管电泳法、电化学方法、化学分析法和生物学方法等也有应用。下面对常用的含量测定方法做简要介绍，主要包括高效液相色谱法、气相色谱法、薄层色谱扫描法等。

1）高效液相色谱法：因对含有众多成分的复杂体系具有强大的分离功能，且分析速度快，应用范围广，其重现性和准确度均优于薄层色谱扫描法，是中药及其制剂含量测定的首选方法。目前《中华人民共和国药典》收载的中药材及其制剂大多采用高效液相色谱法进行含量测定。

在中药及其制剂的分析中多采用反相高效液相色谱法（reversed phase high-performance liquid，RP-HPLC）使用非极性固定相、极性的流动相，其中以十八烷基硅烷键合硅胶应用最多。甲醇-水或乙腈-水的混合溶剂作为流动相应用在反相高效液相色谱法中时，制剂中极性的附加剂或其他干扰组分先流出，不会停留在柱上污染色谱柱。

2）气相色谱法：气相色谱法为中药制剂分析的常规分析方法之一，主要用于测定药材和饮片、制剂中含挥发油及其他挥发性组分的含量，如冰片中的龙脑（不得少于 55%）、八角茴香中的反式茴香脑（不得少于 4%）、广藿香中的百秋李醇（不得少于 0.1%）等。还可用于中药提取物及中药制剂中的含水量或含醇量的测定，如紫苏叶油、肉桂油、麝香风湿胶囊、活血止痛膏等的测定。

3）薄层色谱扫描法（thin layer chromatography scanning，TLCS）：指用一定波长的光照射在薄层板上，对薄层色谱中吸收紫外光和可见光的斑点，或经激发后能发射出荧光的斑点进行扫描，将扫描得到的图谱及积分数据用于鉴别检查或含量测定的一种方法。薄层色谱扫描法具有分离效能较好、操作简便等特点，因而适用于中药制剂的分析。本法的准确度和精密度虽不及高效液相色谱法，但是可以作为高效液相色谱法的补充，用于无紫外吸收或不能采用高效液相色谱法分析的组分。

思考题

1. 为什么说药物分析学是药学领域中的眼睛科学？
2. 目前药物分析中的新技术和新方法都有哪些？
3. 比较不同的药物分析方法的特点及各自的应用范围。
4. 中药分析的特点是什么？
5. 试述药物分析学的发展趋势。

（白立改）

第六章　生药学与天然药物化学

生药学（pharmacognosy）和天然药物化学（chemistry of natural medicines）是药学和中药学的骨干学科，均是为药学类和相关专业学生设置的全国普通高等教育必修专业课程。这两门学科互相交叉，研究对象为传统中草药、动物药等，主要介绍生药的鉴定、质量标准、炮制加工、储藏，以及化学成分结构分析、提取分离和药理作用等方面的基本知识，并且逐渐引入生命科学等现代研究技术，为将来从事生药学和天然药物化学等方面的相关研究工作奠定专业基础。

第一节　生药学与天然药物化学的发展简史与应用

21 世纪是医药行业富有生机而又充满竞争的年代，不断发展的生命科学回归自然热，将对生药学和天然药物化学这两门学科的发展产生重大的影响。吸取新的科学技术，催生科学生长点，与新的学科融汇，将是 21 世纪我国在生药学与天然药物化学领域占领科研制高点的根本出路。同时，随着新型疾病不断出现及人类对现有药物不断产生耐药性，老药淘汰的速度几乎快要与新药上市的速度追平。因此，寻找新的有效药物是摆在我们面前刻不容缓的任务。目前临床上使用的药物多为化学药物，不少化学药物长期服用会产生严重的不良反应，对机体造成一定的损害。相比较而言，中药、天然产物药物具有多靶点、多途径、低毒、不良反应少等优点，资源亦较为丰富，也是自古以来人类防病治病的主要手段，具有重要的开发利用价值。因此我们有必要对其进行深入的开发与研究，为人类健康事业造福。

一、生药学与天然药物化学发展史简介

中药的发展历史几乎与人类历史等长。在远古时代，人们在寻找食物的同时，发现了许多可以用来缓解病痛的药物，经过人类反复尝试证明其可用来防治疾病，这些药物的知识通过各种方式代代相传下来，由此最原始的药物出现了。《淮南子·修务训》记载，神农氏尝百草用于治病，一日而遇七十毒，说明药物知识是在人类长期而广泛的医疗实践中逐渐丰富起来的。在浩瀚的医药历史发展中，生药学与天然药物化学占有重要的地位，故在此对其发展进行简要的介绍。

（一）生药学发展史简介

1. 传统本草学时期（19 世纪以前）　“生药”一词在宋代就已出现，并有详细的解释。当时官方设立了“熟药库”“熟药所”等机构，主要负责加工炮制、储藏药物并出售药物饮片或其成方制剂，相对而言，“生药”则是指未经加工，或仅经简单加工的药材。宋·李光《庄简集》十四“与赵元镇书”记载“自至节前到今，凡拜六书，并附生药，皆未知浮沉”，说明当

时市场上已经出现“生药铺”。生药在明代和清代的著作中也有详细的记载，如清代太医院及御药房规定，凡遇内药房取用药材，……俱以生药材交进，由内药房医生切渣炮制，可见生药或生药材就是指“中药材”。

绝大多数生药都被我国历代药物著作所收载，而这些药物大多数是植物药，故这类记载药物的书籍便被称为“本草”，如《神农本草经》《本草经集注》《新修本草》《本草纲目》等。《神农本草经》亦称《本草经》或《本经》，托名于“神农”所作，大概成书于东汉早期，是我国历史上第一部药物专著，共载药物 365 种，书中出现了中药的采收原则和相关的真伪鉴别知识，对采药时应注意的时间、产地、药性等均有详细的描述。此书的问世，对我国乃至世界药学的发展产生了重大的影响，并为后续具有代表性的著作如《本草经集注》《新修本草》《经史证类备急本草》《本草纲目》等的发展奠定了良好的基础。《本草经集注》由南北朝时期的陶弘景所编写，收载药物为《神农本草经》的 2 倍，共 730 种，此书对药物的形态和鉴别等方面的描述较之前有所补充，同时增加了药物的分类、加工方法等，极大地丰富了《神农本草经》的内容。唐《新修本草》成书于 659 年，是我国亦是世界药学史上第一部药典，共载药物 844 种，除了对药物传统的性味、产地、采收、功能主治等有详细的介绍外，为避免误采误用，还绘制了药材的药图加以说明，并附有图经，开创了我国本草著作图文对照的先河，对我国和世界医药产生了重要的影响。《经史证类备急本草》，简称《证类本草》，本书共载药 1746 种，系以《嘉祐本草》和《本草图经》为基础，并以医家、民间、经史文献中的药物资料扩充调整编写而成。在书中，各药先给出《本草图经》药图，次载《嘉祐本草》正文及《本草图经》解说文字，图文并茂，对鉴别药物的真伪起到了极大的促进作用。《本草纲目》为明代医药学家李时珍 30 年的心血，是中国本草的集大成之作，堪称中国的百科全书。书中详尽地阐述了释名、修治、集解（包括产地、性状、区别）及正误等方面的内容，为后世医药的发展提供了宝贵的资料和经验。在其他的本草著作中，亦出现了对药物形态和鉴别的相关描述。但是，由于当时科学发展水平的限制，人们只能通过眼观、手摸、鼻闻、口尝等简单的鉴定方法对药材进行质量评定，这种依赖于鉴别者经验和主观感受的鉴别方法无疑在客观性与准确性方面都是比较差的，但是依然为后世对生药学的深入研究提供了一定的基础和宝贵的经验。

2. 近代生药学时期（19 世纪初～20 世纪 30 年代末） 生药学拉丁文名为 *pharmacognosia*，英文名为 pharmacognosy，德文名 pharmakognosic，由希腊字母“pharmakon”（药物）和“gnosis”（知识）连到一起构成，意为“药物的知识”，在当时即是指“生药”。Pharmakognosic 一词最早见于 1815 年德国人 C. A. Seydler 发表的 *Analecta Pharmacognostica* 一文，而“生药学”作为一门学科则是在 1825 年由德国学者 Thodor W. C. Martius 所创立。1838 年，德国植物学家施莱登在用显微镜观察了许多植物的显微构造后，提出了“所有植物都是由细胞构成的”这一观点，因此光学显微镜得以被用来研究生药的内部构造。显微镜在生药学领域的应用，使生药学研究从整体的宏观水平逐步向组织、细胞等微观水平发展，由于生药的各种组织、细胞具有相对稳定而又显著的差异，因此显微鉴定比性状鉴别能更加客观和准确地反映出实际情况，极大地促进了生药学的发展。

“生药学”汉字的出现，最早可追溯至 1880 年日本学者大井玄洞的《生药学》译文。在我国，生药学起步比较晚，我国学者分别在 1934 年和 1937 年编写出版了《现代本草生药学》上册和《生药学》下册。上册为我国生药学家赵燏黄和徐伯鋆合编，书中谓：“利用自然界生产物，截取其生产物之有效部分，备用于治疗方面者曰药材。研究药材上各方面应用之学理，实验而成一种之独立科学，曰生药学”，下册为我国著名的生药学家叶三多所编写。这两本书的编写完成、出版，并用于大学学生学习生药学的教材，标志着我国近代生药学教学和研究的开始。

3. 现代生药学时期（20 世纪 40 年代初～20 世纪 80 年代末）　新中国成立后，在党的号召下，我国大力发展中医药事业，各医药院校的药学专业普遍开设了生药学课程。为了促进教学，我国先后出版了全国统编和卫生部规划等教材，其中使用较为普遍的有《生药学》《药材学》和《中草药学》，这些书籍为我国的生药学的教学和人才培养做出了巨大的贡献。

同时，我国生药学学者为我国中药学的研究和开发亦做出了许多重要的贡献，如三次（1958～1962 年，1969～1972 年，1983～1987 年）中药资源调查及相关的研究，尤其是 1983～1987 年的中药资源普查和专题研究，基本上摸清了我国 20 世纪 80 年代药用植物的种类、分布和中药材的蕴藏量及产量，为我国中药资源的可持续开发利用提供了良好的科学依据。此外，我国先后出版了一大批诸如《中华人民共和国药典》《中药志》《中药大辞典》《中国中药资源志要》《中华本草》《中国民族药志》等重要专著，地方性著作和中药从业人员的著作，如《江苏省植物药材志》《四川中药志》等也逐渐刊出，我国还创办了《中草药》《中药材》《中成药》《中国中药杂志》和《中国实验方剂学杂志》等期刊，这些著作和期刊的出版标志着我国现代生药学发展的第一个高潮。

同时，随着化学和分析仪器的发展，许多新理论和技术不断渗透到生药鉴定等领域，人们开始关注药材中的活性成分，并将其作为衡量药材质量的标准。早在 1906 年，俄国植物学家茨维特（Tsweet）就提出了“色谱”的概念，然而这在当时并没有引起很大的关注，直到 1931 年德国的 Kuhn 和 Lederer 再现了 Tsweet 的某些实验，色谱技术才开始真正为人们所重视。特别是在 20 世纪 60 年代后，新兴的色谱法被广泛地应用到生药学的研究领域，成为生药质量评定的重要手段，将生药学引入到一个新的发展时期。例如，高分辨率气相色谱为分析药材中挥发性成分提供了便利；高效液相色谱因分离效能高、检测灵敏度高和应用范围广等特点被广泛应用，特别是在道地药材的鉴别和质量控制等方面，很多学者用化学指纹图谱区分道地药材和非道地药材。

4. 分子生药学时期（20 世纪 90 年代初至今）　在我国国民经济和社会发展第八个五年计划期间，我国继续进行中药品种整理和质量等研究，包括本草考证和文献查考、药源调查、性状和显微鉴定、化学成分、采收加工、药理和毒理等多项研究内容，其中许多方面的研究水平达到了国外领先水平。在第九个五年计划期间及其以后，我国实施了“中药材质量标准的规范化研究”，并建立了常用中药材国家标准，颁布了相应的法律法规，促进了我国生药学良性的发展。

20 世纪 90 年代，随着分子生物技术的迅速发展，以及许多新的热点和难点问题越来越难以被传统研究方法所解决，生药学的发展迫切需要在更加本质的水平上来客观准确地阐释生药学的诸多问题。在此情况下，分子生药学应运而生，标志着生药学进入了一个全新的发展时期。近年来以聚合酶链式反应（polymerase chain reaction，PCR）为基础的分子标记技术层出不穷，如 DNA 随机扩增多态性分析（random amplified polymorphic analysis，RAPD）等可用于多种生药鉴定，特别是对于产量低的贵重生药和一些难以鉴定来源的生药的鉴定。从分子生药学的角度来看，一种天然药物的性质由其原动植物的 DNA 决定，不同物种具有不同的 DNA 分子，通过 RAPD 技术分析药材的 DNA 并进行测序，进而制备与之互补的 DNA 片段作为探针来检测相应的药材，具有种属、品系及单株特异性，为生药学提供一个崭新、便捷、准确、重现性好的鉴定方法。分子遗传标记技术将生药的研究层次提高到分子水平，使道地药材的品质评价更为准确与可靠，是生药质量评价的重大突破，同时提升了生药学研究的深度和广度，使得生药学成为一门系统的现代科学。

（二）天然药物化学发展史简介

1. 萌芽阶段（19 世纪以前） 人类利用天然产物作为药物可以追溯到远古时代，当人类有了身体上的痛苦即疾病时，就开始从生存环境中寻找能够用来解决这些不正常状态的物质，由此最原始的天然药物在医疗领域中就开始产生并应用。中药中所含的活性成分，是其能防病治病的物质基础，亦称为“天然药物”。

19 世纪之前，制药方法还比较古老。外国文献记载从天然药物中分离化学成分始于 1769 年瑞典药师、化学家舍勒（K. W. Schelle）通过将酒石（酒石酸氢钾）转化为钙盐，再用硫酸分解的方式制得酒石酸，然而早在 1575 年我国的《医学入门》一书中就已记载了从五倍子中提取没食子酸的方法。又如至今仍应用甚广的樟脑提取方法在洪遵的《经验方》（1176 年）中就已出现，而《本草纲目》更是详细地记载了其制备和纯化的全过程。欧洲直到 18 世纪下半叶才提纯出了樟脑，我们比他们整整早了数百年。由此可见，古代中国的医药化学在当时处于世界领先地位，故有医药化学源于中国之说，这也是对我国在天然药物发展方面所做贡献的高度评价。

2. 早期发展阶段（19 世纪初至 20 世纪 30 年代末） 在 19 世纪，天然药物化学迅速发展，为世界医药事业的发展做出了巨大的贡献。首先从天然产物中寻找活性成分的人是德国学者 Sertürner，在 1806 年，首次从罂粟中分离出单体化合物吗啡（morphine），被认为是现代意义上的天然药物化学发展的开端。随后士的宁（1818 年）、咖啡因（1820 年）、奎宁（1820 年）、小檗碱（1826）、烟碱（1828 年）、阿托品（1831 年）和乌头碱（1833 年）等生物碱相继被发现，开创了以生物碱为代表的天然药物化学研究新时代。此外，瑞香苷、氯化血红素（hemin）、苦杏仁苷（amygdalin）、胡萝卜素（carotene）、麻黄碱（ephedrine）、结晶性肾上腺素（adrenaline）、维生素 B_1（oryzanin）等也是在此期间相继被发现的，同样也为天然药物化学的研究做出了重要的贡献。

3. 高速发展阶段（20 世纪 40 年代初至 20 世纪 80 年代初） 20 世纪 30 年代合成药物如磺胺药（1935 年）、维生素等工业化生产制约了天然药物化学发展，使天然药物化学的发展一度处于低迷状态。1956 年联邦德国开始出售镇静药沙利度胺，仅到 1962 年就导致数千例畸胎——海豹畸形婴儿，引起了人们对合成药物的不安和怀疑，从而又出现了大规模寻找天然活性物质的现象，天然药物化学的发展迎来了又一个黄金时期。1944 年，世界上第一台红外光谱仪问世并于 20 世纪 50 年代初用于研究天然化合物的结构，成为现代谱学技术应用于天然化合物结构研究的第一个里程碑。在此期间，各种分离技术和谱学技术的飞速发展并应用于天然产物研发，促进了天然药物化学的高速发展。

这一阶段发现的具有重要意义的标志性天然药物有：20 世纪 50 年代从佛罗里达海域的海绵分离出阿糖胞苷；60 年代发现第一个喹诺酮类药物萘啶酸；70 年代美国从美登木中分离得到有效剂量很小，安全范围宽的美登木碱单体；90 年代发现抗癌药物紫杉醇（taxol）等，这些都是天然药物研究开发的成功实例。到 20 世纪 90 年代，半数以上的药物都是直接或间接来自于天然产物。

4. 发展新时期（20 世纪 90 年代初至今） 20 世纪 90 年代初至今，天然药物化学在新药研究中的地位处于上升趋势。随着现代生物科学技术不断地融入药物研发领域，20 世纪末形成了以组合化学（combinatorial chemistry）、高通量筛选（high-through put screening，HTS）和靶向药物设计（study of targeted drugs）等为代表的新型药物研发模式，使人们意识到天然产物的化学结构、生物活性多样性及类药性是无可替代的。因此，21 世纪初天然药物化学再度兴起，并且随着现代科学技术的发展、天然药物化学与其他学科的紧密联系，这门学科进入了全新的发展时期。除了研究传统的活性化合物外，科学家们开始注重以生物技术为工具从分子水平探讨天然化合物生物进化、阐明其治疗疾病作用机制，为人类疾病的诊断与治疗提供新的方法或药物。

二、生药学与天然药物化学在药物研究开发中的应用

生药学与天然药物化学在药物研究开发中发挥着重要的作用，并具有广泛的应用。生药学和天然药物化学除了在饮片制作、天然产物提取分离、中成药、中药制剂等方面具有传统应用外，在新药研发、中药标准化、中药现代化等方面亦发挥着重要的作用，同时对因此而产生的各种理论、各门学科等都发挥着重要的作用。

（一）生药学的应用

生药的应用范围十分广泛，除了制成饮片、中药提取物、中成药应用于临床外，生药也逐渐融入了我们的生活，在保健领域、食品、香料、化妆品、染料及农药等领域都有广泛的应用。

1. 在保健品和保健食品方面的应用　保健品是指调节并维护人体功能，使人体处于健康状态的产品。随着心脏病、高血压、高血脂、糖尿病等疾病频发，用食品防治疾病正在逐渐吸引着世界人民的目光。而中药保健食品具有防治结合，不良反应少等优势，在世界上掀起了一阵中药热潮，社会的发展必将促进中药保健食品行业的进步。我国古代就创制了许多具有协调阴阳、固本培元、扶正祛邪等功效的成药和药膳食品。例如，腊八粥，对于不同的人可煮成不同种类的腊八粥从而起到不同的养生调理功效，加白萝卜、芹菜对高血压的人有所裨益；加核桃仁可以补虚强体、健脑防老等。用于中药保健药品和中药保健食品的生药，多为诸如枸杞子、五味子、人参、党参等一些营养丰富、有机体调节功能而无明显不良反应的药食同源的生药。

2. 在新药半合成原料方面的应用　生药存在着许多药物合成的前体或中间体物质，可以通过化学合成或结构修饰等方式制备药物，大大降低了成本。例如，临床常用的抗疟药蒿甲醚和青蒿琥酯就是以从黄花蒿中提取的青蒿素经过结构修饰而得来的；抗癌药紫杉醇及其衍生物是从红豆杉等一系列品系植物中提取的具有紫杉醇母核结构的成分而制得的。通过改造天然成分化学结构来开发高效、低毒的新药物的实例还有很多。

3. 在扩大药物新资源方面的应用　当明确了中药中的某种有效成分后，即可根据有效成分的化学结构特征和性质，结合植物的亲缘关系或化学分类学，开辟新的药物资源。例如，从黄连中分离鉴定出抗菌抗炎的小檗碱后，又从防己科植物古山龙的根茎、小檗科小檗属植物三颗针的根皮中提取到了小檗碱，目前二者已成为小檗碱生产的主要工业原料药。2014 年，四川省北川林业局的科技人员张涛发现一种奇特植物，通过核基因等相应分子生药学研究确定这是一个新的物种并命名为北川驴蹄草，属于毛茛科驴蹄草属植物，有除风、散寒之效，亦可用于治疗烧伤、毒蛇咬伤，扩大了同种属的药用植物资源的应用。

4. 现有生药资源再开发利用方面的应用　随着分离分析技术的进步，一些含量较低的化学成分被分离出来并进行研究，科学家们开始意识到一种生药中往往含有不止一种有效成分，未被利用的成分也可能具有生理活性，于是又开始重新研究过去认为已经开发完全的生药。例

如，从提取过小檗碱的细叶小檗中，又提取出了小檗胺，并发现其可用于升高白细胞。

目前使用的生药很多只取自植物或动物体的某一部位，而其他部位常被作为废料而丢弃，很少对非药用部位进行研究并加以利用。实验证明同一种药材的原生体的不同部位常含有相同或相似的药用成分和生理活性，只是含量的多少和药效的强弱不同，这对扩大药用植物的药用部位、减少资源浪费极有帮助。以人参为例，在我国历代本草著作中，人参均是以其根和根茎入药，含有大量的人参皂苷、多糖等生物活性成分。然而近年来研究表明人参的茎叶亦含有丰富的人参皂苷，并且有些皂苷只存在茎叶中，药用价值很高，因此现规定茎叶也可以入药。

5. 在化妆品和添加剂方面的应用 现代生活消费中，化妆品几乎已经成为生活必备之物，并且随着社会需求的扩大，化妆品不再仅仅是以单纯的化妆为目的，化妆品越来越显现出医药化的趋势。目前国内外关于生药化妆品的研究十分活跃，我国亦生产了大量具有抗氧化、抗衰老、防晒、美白、美容护肤作用及治疗某些皮肤病的生药化妆品，并且效果良好。例如，添加芸香苷的化妆品可以防范X线对皮肤造成损伤，适用于长期野外工作者和接触放射线的人员。

在添加剂方面，天然色素由于其具有色调自然、无不良反应、安全性高等优点，而成为各行业科技工作者普遍关注的课题，并取得了一定的成绩。例如，从辣椒中提取的辣椒红色素，因其色泽鲜艳及可延长食品货架期而被广泛使用；从栀子果实中提取的栀子黄色素，因其对蛋白质、淀粉等良好的染色能力，而广泛应用于糕点和糖果等制作；花青素、类胡萝卜素等色素还因对某些疾病具有预防和治疗作用而被大量使用。此外，还有许多天然药物可以作为低热量、安全性高的天然甜味剂，如甜菊苷、罗汉果甜苷、木糖醇等。从肉桂、花椒、薄荷等香料植物中提取的天然香料和香精也已广泛使用。

6. 生药学在其他方面的应用 许多生药或某些动植物的加工品还用于烟草、制革、化工等多个工业领域。例如，国内推出的一种由磨碎后的烟丝与麝香、龙脑等混合制成药物型鼻烟，吸后既有类似香烟的兴奋作用，又有治疗效果；再如五倍子，它是单宁酸生产的主要原料，而单宁酸及其衍生产品主要用途就是作革鞣剂，用于制革；以生药生产的空气清洁剂、药物鞋垫等也已经上市。生药学的开发利用，不仅有利于医药事业的发展，提高人们的健康水平和生活质量，而且有利于推动农业和工业领域的产品结构调整，推动经济发展和社会进步。

（二）天然药物化学的应用

大自然是最好的药物资源库，经过漫长时间的演化，自然生物的次生代谢产物结构复杂多变，再加上其具有生物活性多样的特点，很多天然产物本身就具有类药性。目前，本学科除了发现新的活性天然产物、先导化合物用于新药研发之外，在中药制剂、质量控制、发挥传统医药的优势等方面亦发挥着重要的作用。中药现代化是我国中医药发展的必然，而中药药效物质基础的探明是中药现代化的关键和核心。因此，天然药物化学在继承和发扬祖国医药中占有极其重要的地位，应加强天然药物化学的开发和应用。

1. 探讨中药防病治病的药效基础，改进传统药物剂型，提高临床疗效方面的应用 应用天然药物化学的知识和方法把中药有效成分研究清楚，结合现代科学技术，观察其在人体内的代谢过程，逐步阐明其构效关系和中药防病治病的原理，是中药现代化的关键。我国传统药物剂型，如汤剂、膏、丸、散等应用了上千年，至今仍有一些在使用，但是这些制剂大多比较粗糙，给药途径单一，用量大，起效慢，有些剂型还存在使用不便等问题，以致在许多方面已经不能完全适应现代医学防治疾病的需要。因此，必须充分继承和发扬中医药治疗法则及其特色与优势，按照“三效”“三小”“五便”和“有效”“安全”“可控”的现代中药要求，在明确中药有效成分的基础上逐渐改进药物剂型，以便充分发挥其临床疗效。

2. 为中药的炮制提供科学依据　应用天然药物化学的知识和手段，在中药炮制过程中对有效成分或主要化学成分进行鉴定和定量分析，可以有效地保证饮片的规格和质量，同时通过对比研究中药炮制前后的化学成分变化，阐明炮制机制，改进和完善传统炮制方法，促进中药炮制的全面发展，也是继承和发扬这一宝贵遗产的重要工作。例如，黄芩炮制的研究，在传统炮制学中，黄芩有浸、烫、蒸、煮等多种方式，天然药物化学研究证明，黄芩中的主要药效物质基础为黄芩苷，黄芩苷在冷浸过程中会被酶水解生成苷元，后者易氧化而使药效降低，故对黄芩的炮制改为了蒸制，从而保证了其临床疗效。

3. 控制中药材及其制剂的质量　中药作为一种天然药物，其防病治病作用的强弱取决于其有效成分的含量，而有效成分的含量受到品种、产地、储存等各种自然因素及人为因素的影响。因此，必须明确中药材的有效成分，通过定性定量分析准确、客观地制定中药材及其制剂的质量标准，使之科学化、标准化，这具有十分重大的意义。

4. 新药创制方面的应用　天然药物在发现治疗人类疾病药物的先导化合物中起着至关重要的作用，通过对活性天然产物进行结构修饰或改造，使其活性和生物利用度提高、毒性降低，是开发新药的重要途径。例如，从蛇足石杉中提取分离的石杉碱甲（huperzine A），对乙酰胆碱酯酶有高选择性抑制作用，将其制成希普林，比石杉碱甲、多奈哌齐及他克林（用于治疗阿尔茨海默病）各强 1、6 及 15 倍，而又没有明显毒性。又如，从喜树中提取得到的喜树碱，虽有强的广谱抗肿瘤活性，但其水溶性差，又有很强的骨髓抑制、出血性膀胱炎及腹泻等毒性，对其进行结构修饰得到的拓扑替康（topotecan）水溶性好，毒性降低，还易进入脑脊液，可用于治疗卵巢癌，甚至用于对其他化疗药无效的卵巢癌，同时对其他癌症也有一定的疗效。石杉碱甲、喜树碱及其修饰产物如图 6-1 所示。

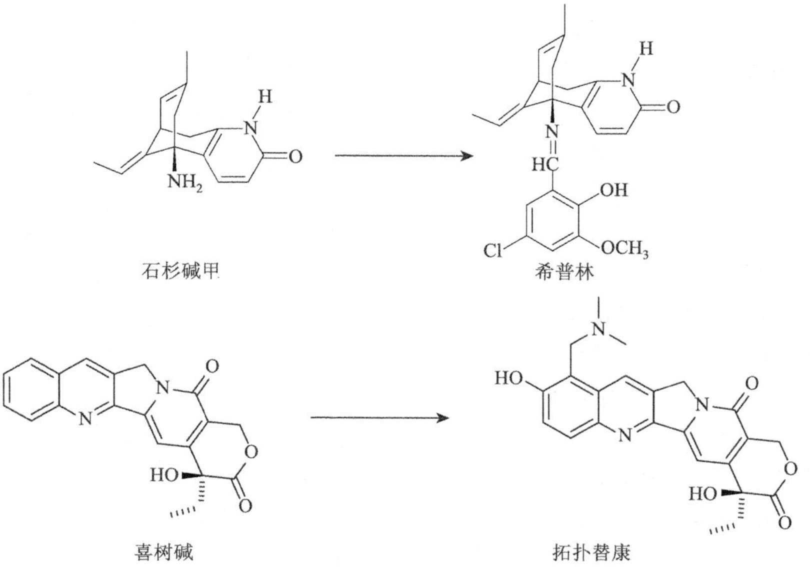

图 6-1　石杉碱甲、喜树碱的修饰

5. 为发现具有独特的生物活性机制的药物创造便利　随着现代科学技术的发展，科学家开始从分子水平解释药物在体内发挥作用的方式。自然界中存在许多结构独特的天然产物，其与生物体的交互关联性影响具有特殊性和繁杂性，天然产物在体内以原型或代谢产物等多种形式直接或间接地发挥药理作用，其作用靶点可以是离子通道、细胞膜上识别蛋白、DNA或RNA等，因此一些具有全新作用机制、独特机制的天然药物逐渐被发现，如抑制HMG-CoA还原酶活性的洛伐他汀、促进钠通道开发的箭毒蛙毒素；还发现了20S蛋白酶体抑制剂salinosporamide A，比第一个发现的特异性蛋白酶体抑制剂omuralide的作用强35倍，这些发现给药物研究者带来极大惊喜的同时，还极大地推动了生命科学等相关学科的发展。

第二节　生药学与天然药物化学基本概念与研究内容

一、生药学基本概念与研究内容

（一）基本概念

生药（crude drugs or herbal material），系指取自某天然物（如植物、动物、矿物等）的整体或某一部分，未经加工或仅经简单加工而制成的药物，通常为干品，在某些情况下亦可为鲜品。生药学是指以天然来源的、具有医疗或保健作用的植物、动物和矿物类等生药为研究对象，研究其质量和变化规律，探讨其资源和可持续开发利用，并应用本草学、植物学、动物学、中医学、中药学、化学和药理学等相关学科知识对生药的名称、来源、生产、采制、储藏、性状、显微、化学成分、品质评价、资源开发与利用，以及新药创制等内容进行研究的学科。

（二）研究内容

1. 准确识别、鉴定生药及其基源的种类　生药种类繁多，地区广泛，加上各地用药历史、习惯等的差异，生药名称的不统一，以及代用品、类同品等不断涌现，同名异物（homonym）的现象十分普遍且严重，严重地影响了生药的真伪鉴定和品质。例如，同名为“三七”的药材有五加科三七、菊科菊三七、落葵科落葵薯三种，但其功效确有显著的不同，不可互相代替使用。此外，不同地区对同一生药的称谓也有所不同，造成众多同物异名现象，为生药的使用造成混乱和困惑。例如，百合科植物重楼就有白蚤休、枝头花、七叶一枝花、独角莲、重台草、白甘遂、虫蒌等多个名称。一些名贵的中药材，如冬虫夏草、天麻、番红花等，在商品流通中还经常出现以次充好或以假乱真等问题，如用亚香棒虫草、白僵蚕、模具虫草等代替冬虫夏草，用土豆加工成“天麻”等伪品等。此外，一些药物还存在着一药多基源的问题，如大黄就有掌叶大黄、药用大黄、唐古特大黄三种来源。因此，掌握生药学鉴定知识，鉴定中药的真伪与品质，对确保中药使用的有效性和安全性具有重要意义。

2. 调查、考证生药资源　20世纪50、70、80年代，我国先后开展了3次大规模生药资源调查，基本摸清了我国生药资源的储量及分布，并于2011年11月开始了第4次中药资源补缺查漏的调查。在植物资源普查中，新的药用植物或同种植物的新用途不断被发现。例如，过去本草著作中无记载或认为无药用价值的罗汉果，后来证明具有良好的止咳化痰功效；从萝芙木中提取到有效的降血压成分利血平，从喜树、红豆杉中分离出抗癌成分喜树碱和紫杉醇。又如，马钱子具有通络散结，消肿止痛功效，主产于印度、缅甸、越南等地，我国主要依靠进口引用，通过资源普查发现在我国云南有云南马钱子，与马钱子为同科同属植物，其含有的马钱子碱和士的宁比马钱子的含量更高，疗效更佳，因此我国现在采用云南马钱子代替进口马钱子入药。

为了合理地、可持续地开发这些药用资源，首先要对它们进行准确的识别，其次进行相关的资源调查，摸清它们及其近缘种类的分布、生境、资源蕴藏量、濒危程度等，以便为保护野生资源提供良好的依据。

3. 评价生药的品质，制定其质量标准　此项工作包含对生药进行鉴定，对有效成分或指标成分定性、定量分析，对有毒物质蓄存量检测，检验生药的药效作用，建立生药的质量评价标准，明确优质品种及可利用的类同品，以确保中药应用的安全性和有效性。在此基础上，需要制定相关的质量标准，确定恰当的生药名，澄清混乱品种，对完善国家药典、颁布标准或申报新药的研究资料等提供生药或其制剂的质量依据，具有重要的科学意义和应用价值。

4. 为中药材生产规范化服务　要增强我国中药产品在国际上的竞争力，必然要进行中药标准化，而中药材标准化是中药标准化的基础，是保证中药饮片和中成药质量的先决条件。中药材要做到标准化，必须要按照《中药材生产质量管理规范》（Good Agricultural Practice for Chinese Crude Drugs，GAP）的要求在中药材生产的全过程，如产地与生境、种质和繁殖材料、栽培与种植管理、采收与产地加工、包装运输与储藏等过程中做到规范化与规模化。尽管中药材的栽培技术研究相对来说进行得比较系统，但是目前中药材大多缺乏完备的、科学的生产规范，因此，建立、完善规范化生产标准操作规程具有重要的意义。

二、天然药物化学基本概念与研究内容

（一）基本概念

自古以来，天然药物就是药物的主要来源，天然药物中的有效成分是其防病治病的原因所在。天然药物化学（medicinal chemistry of natural products）是指运用现代科学理论与方法研究天然药物中化学成分的一门学科。随着现代科技的发展，尤其是计算机、信息学、现代生物技术及海洋产业等的飞速发展及其在天然药物化学中的应用，赋予了天然药物化学这门学科更多的内涵，使其成为一门蓬勃发展的朝阳学科。同时，大自然是最优秀的化学物合成家，仅以少数几个结构单元就可以合成结构超乎想象的化合物，因此天然药物化学在药物研发方面具有独特的优势。

（二）研究内容

天然药物化学的早期研究内容主要为植物中有效成分的提取分离、理化性质和结构鉴定等，但是随着现代科技研究的深入，天然药物化学研究范畴逐步扩展，已经发展成对生物活性物质的提取分离、结构鉴定和修饰、半合成和全合成、生物转化等方面的研究，并发展成与其他学科紧密交叉的一门学科。

1. 天然产物的提取分离和纯化方法　天然产物的提取分离工作是天然药物化学研究的第一步。通过提取得到的一般是多种成分的混合物，需要进行分离和纯化才能进一步应用。当目的物为已知成分或已知化学结构类型时提取分离和纯化工作比较简单，但是从中草药或天然药物中寻找未知有效成分或有效部位时则难得多，因为多数中草药成分复杂，有的甚至多达到数十上百种，只能根据预先确定的目标，以适当的活性测试体系为指导，辅以相应的稳定性、提取率研究，并经过反复实践才能得到适宜的提取分离条件。一些性质相差较大的化合物可以通过溶解度、分配系数、吸附性、离解程度等的不同进行分离，可是性质相近的化合物却难以分

离，即使可以分离，却常因分离效率低等原因而难以大量生产，这都在制约着天然药物化学的发展，因此对天然产物的提取分离研究十分必要。

2. 天然产物的化学结构鉴定 结构研究是天然药物化学领域研究的核心，从天然药物中分离得到的单体化合物即使具有很强的生物活性，但若是结构不清楚，就无法进一步开展药理学、毒理学等相关研究，更不可能进行结构修饰或人工合成，其应用和开发价值就会受到严重的限制。天然化合物的结构复杂，含量低，未知因素较多，通过传统的化学方法（如化学降解、衍生物合成等）进行结构研究难度较大。随着各种波谱技术的迅猛发展，如红外光谱、磁共振、质谱、旋光谱和单晶 X 射线衍射等，结构鉴定工作越来越高效、准确、微量、快速，极大地促进了天然产物结构鉴定的发展。

3. 天然产物的生物合成 生物合成是天然药物化学中的一个重要领域，进行生源合成途径研究，阐明天然产物的形成规律，不仅对天然产物进行结构分类、结构推导、人工合成的设计有帮助，而且对于其催生的仿生合成等学科的发展有着重要的理论指导意义。在植物生长过程中有意识地添加药物合成添加剂可以显著提高药物产量，如在三叶薯蓣（dioscoreadetoids）的愈伤组织培养过程中加入适量胆甾醇，可以使薯蓣皂苷元的产量由植物干重的 1.5%提高到 2.5%。又如人们利用基因工程技术向青霉菌导入扩环酶基因和酰基转移酶编码基因，可得到高产量的改造过的青霉菌，使工业化生产青霉素成为现实。

4. 天然产物的化学结构特征 相当多的天然药物在提取分离并被测定结构后发现具有相似的化学结构，甚至具有相似的生物合成途径，这对以化学研究为导向（chemical oriented）的天然产物活性成分研究具有重要的指导意义，这种研究方法曾在 20 世纪普遍使用并取得了显著成就。以甾体化合物为例，甾体化合物是分布最广泛的成分之一，动植物体内都含有甾体类物质，且甾体类物质具有相同的骨架，说明动物与植物可能拥有共同的祖先，这极大地鼓舞了科学家从植物体内寻找药物的信心。结构特征对天然产物的分类及应用也有重要理论指导意义。

5. 天然产物的理化性质的研究和扩展 天然产物的理化性质与药物制备工艺及其体内代谢过程息息相关，补充完善天然药物化学成分理化性质的资料，对其进一步开发意义重大。天然药物化学成分的特有性质，如易氧化性、热不稳定性等对保持药物活性影响较大；溶解性及渗透性差的药物作为口服制剂吸收度和利用度低等，因此，天然产物的理化性质与新药研究中的制备工艺、筛选剂型、保存条件和时间、药物代谢和生物利用度等都有重要的关系。

第三节 生药学与天然药物化学研究动态及发展方向

一、生药学的研究动态及发展方向

（一）生药学的现状

随着现代科学技术和理论的飞速发展，生药学同其他自然科学一样，有了长足的进步，开始以崭新的面貌呈现在世人面前。人们越来越注重从宏观与微观两方面来还原和揭示生药的“自然”属性，因此生药学的发展趋势正向着更深、更广的层次和领域迈进。目前，分子生物学相关技术在中药学的应用成为近几年生药学领域的研究热点，并已取得初步成就。同时，生药学积极地吸收和利用其他学科的知识，与其他学科的联系日益紧密，知识体系不断发展完善，为其进一步的发展打下良好的基础。此外，我国是中药大国，但远谈不上是中药强国，特别是与邻国日本相比，日本仅有的200余种中药制剂处方绝大多数来自我国医药名著，如《伤寒论》《金匮要略》等，然而其国际市场中药方面的覆盖率却高达80%，反观我国虽有约4000种中药制剂，却只有3%～5%的国际市场覆盖率，这一直是我国医药行业的伤痛，因此我们必须加强中药的标准化、现代化，加强与国际接轨，从而促进我国中医药的发展。

（二）生药学的发展趋势

1. 从传统医学中发掘新药源和开发新药　我国中医药学具有数千年的历史，通过历代医学家的发展和完善，已经成为一种独特的理论体系，有着巨大的挖掘潜力，现代许多药物就是在传统中医理论的指导下，应用现代技术研发出来的，如受广大女性欢迎的妇科良药乌鸡白凤丸；从连翘、金银花等有清热解毒作用的传统药材中开发出治疗流行性感冒的连花清瘟胶囊；从古方牛黄解毒丸改制的著名清热泻火药牛黄解毒片；从《丹溪心法》的“上清散”一方制得的一系列上清丸等。特别值得一提的是青蒿素的发现就得益于屠呦呦等对古代医书、本草著作的研究。广大群众在用药实践中逐渐摸索出来的民族药和民间药也是祖国医药学的重要组成部分，并在其发展中留下了浓墨重彩的一笔，如复方草珊瑚含片、风湿灵、消咳喘、七十味珍珠丸等药均是从民族药和民间药中开发出来的，由此可见，民族药、民间药同样有着巨大的开发潜力。

2. 海洋资源研究　海洋占地球表面的71%，生活着20余万种动、植物和上亿种微生物，生物资源丰富，种类繁多。随着陆生资源的大幅减少及人类科学的进步，科学家们将目光转向同样资源丰富的海洋，近些年来世界各国加大了对海洋资源的探索。据统计已从海洋动植物及微生物中发现15 000余种新型化合物。一些海洋来源的先导化合物已成功地开发成药物，如来源于螺类软体动物的血淋巴中的钥孔戚血蓝蛋白（keyhole limpet hemocyanin，KLH），于1997年在荷兰上市用于治疗非浸润性膀胱癌；来源于芋螺的镇痛药物芋螺毒素（conotoxins）也在2004年获得美国FDA证书而上市。在海洋资源研究方面我国也取得了令人瞩目的成绩，如用海带根生产出降压药物血海灵；从多棘海盘车提取的皂苷类成分配合中药制成海洋胃药；从天然海藻提取的藻酸双酯钠也已上市并用于防治心、脑血管疾病。

3. 跨学科综合发展　随着科学技术的兴起，生药学与其他学科联系越来越密切。植物组织细胞培养、植物转基因技术和生物转化技术等生物技术的应用在解决药用植物种质老化、病毒感染、种植周期长、活性成分的产量变化大等问题上得到广泛应用，并显示出良好的发展前景，对生药的工厂化生产具有巨大的促进作用。此外，应用生物技术保存和繁殖珍稀濒危的野生资源，培育药用植物新品种，生产紧缺药材和重要的生药活性成分，可以缓解对野生资源的压力，实现药用资源的优化和合理开发。有关生药化学成分知识的大量积累，还催生了植物化学分类学（plant chemotaxonomy）等新学科。与多个学科交叉的生药学，正在逐步形成新的研究形式。

4. 生药鉴定正向着超微层次和分子水平深入　随着现代分离分析技术的进步，如高效液相色谱、气相色谱、红外光谱、磁共振波谱、质谱等的出现，使得即使是极微量生药化学成分也能够识别；利用电子显微镜与X射线衍射法的结合，使得生药的超微结构清晰地呈现在世人面前。分子生物学技术如蛋白质和免疫技术鉴定、基因芯片鉴定技术、DNA分子遗传标记技术等，以其不受样品形态干扰、能在更深层次的分子水平进行生药的鉴定、准确性高等优点而表现出很好的发展前景。生药的鉴定正在向着超微层次和分子水平深入而快速地发展。

5. 更加科学地揭示影响生药品质的各种因素　长久以来，关于道地药材与非道地药材的研究从未停止过，道地药材因其优良品质一直吸引着科学家们的兴趣。应用现代分析技术和生物技术，人们已经可以对生药选种、嫁接、杂交及环境条件栽培技术和病虫害防治等方面进行全面研究，可以更加科学地揭示道地药材的成因及影响生药品质的各种因素。从而可根据道地药材的产出过程，对种植土壤选择、水源灌溉要求、施肥种类和方式、最佳采收期、加工方法、储藏条件等进行优化以保持和提高生药的优良品质。应用交叉学科探究各因素影响中药品质的本质和规律，保证中药质量，保障中药生产、流通和使用各环节品质稳定、可控，完成完善生药品质评价体系，正在逐渐成为生药学研究的热点。

6. 现代化方向发展 中药现代化就是综合利用我国中医药优势和现代科学技术的理论、方法，借鉴国际认可的医药研发、生产和管理规范来生产安全、高效、稳定、可控的现代中药产品。例如，运用谱学分析手段和分子生物学技术进行中药的质量控制和鉴别，运用组学分析法对中药的生源进行分析，运用组织培养技术和转基因技术促进中药的产出等，中药现代化越来越吸引人的注意，对促进我国中医药事业的发展具有重要意义。

（三）生药学研究中存在的问题

各学科交叉综合发展的趋势使得生药学学习变难，要进行生药学研究，不仅要有广博的生药学知识，而且要有植物学、天然药物化学及其相关学科的知识和技能。目前在世界上和我国生药学研究中主要存在的问题如下所示。

1. GAP、GMP 推进和实施不足的问题 加强实施 GAP 和 GMP，实现原药材生产的基地化、产业化，规范产品生产标准化，注重品质，建立从定性向定量转变的质量监测体系；从药材生产源头抓起，包括种植、采收、加工、储藏、运输全过程，从根本上确保中药产品的质量，推动中药现代化和国际化。

2. 生药资源保护策略不完善的问题 制定完善的生药资源保护策略，以保证生药的可持续利用。生药资源保护策略的国际公约较少，我国亦建立的不够完善，1973 年制定的《华盛顿公约》（Convention on International Trade in Endangered Species of Fauna and Flora，CITES）是当今唯一对全球野生动植物贸易实施控制的国际公约，目前已有上百个国家参与，虽然每届缔约国大会都会对其有增加和补充，但依然有很多的不足。我国也制订了一系列的相关法律法规，如在《中华人民共和国宪法》的第九条规定："国家保障自然资源的合理利用，保护珍贵的动物和植物"，第二十六条提出"国家保护和改善生活环境和生态环境"，还颁布了《野生药材资源保护管理条例》《中华人民共和国自然保护区条例》等法规，但在已经颁布的相关文件中，还存在制度不够完善，部分法规可操作性差等问题，此外，执行力度不够彻底也是一个关键问题。因此，我们必须要有加强生药资源保护策略，加强执行力度，为生药资源的可持续利用提供良好的保障。

3. 生药研究的国际标准和规范不统一的问题 制定中医药国际标准的组织由于其组成框架不同、宗旨不同、标准化程序不同，其开展的中医药国际标准化活动既相互影响，又相互独立，如国际卫生组织（World Health Organization，WHO）、国际标准化组织（International Organization for Standardization，ISO）、世界针灸学会联合会（World Federation of Acupuncture-Moxibustion Societies，WFAS）等都在制定各自的标准，这种重叠和冲突阻滞了国际标准的协调统一。要以"中药资源保护与可持续利用""中药物质基础及其作用机制""中药品质评价及质量控制"为方向，加快中医药国际标准制定，在中药研究、开发、生产、经营、使用和管理的全过程建立标准。

二、天然药物化学的研究动态及发展方向

（一）天然药物化学的现状

天然药物化学，是医药行业公认的前景光明的行业，同时又是世界性贸易交流中涨势最猛的朝阳产业之一。天然药物在药物研发中占有重要地位，是新药研究的重要来源。尤其是近年来，随着研究手段的日新月异，许多结构复杂及含量较低的成分被成功提纯并确定了其化学结构，极大地丰富了天然药物的来源。同时，随着天然药物化学的深入发展，对其认识日益丰富，天然产物的半合成、结构改造和构效关系的研究，在中药新药研制与开发过程中起到越来越大的作用，为人类的健康事业做出了巨大的贡献。

（二）天然药物化学的发展趋势

1. 天然药物资源学研究 随着天然药物开发利用趋势日益加大，自然环境发生了巨大的变化，有些中药资源甚至因丧失了适宜的生存环境而濒临灭绝，加上人口的爆发式增长和科技水平的飞速发展，人类面临着资源不可持续发展的危机，天然药物资源学研究显得尤为重要。对天然药物资源进行调查，研究天然药物资源的种类构成、数量和质量组合特征、时空分布规律、开发与利用、保护与管理是可持续发展的必然要求，对珍稀生物资源的保护具有长远的战略意义。

2. 加强加深研究领域和范围 近年来，随着陆地资源的匮乏和科学技术的进步，天然产物研究的对象开始向海洋生物、无脊椎动物等延伸，研究范围也从传统的萜类、生物碱类等转向结构更为复杂的聚醚类、大环内酯类、超级碳链化合物及机体内源性物质，如多糖、多肽等。独特的海洋环境造就了海洋生物特殊的生长繁殖方式和适应机制，使得海洋天然产物复杂多样、结构新颖、活性独特，这些丰富多彩的海洋次生代谢产物已经成为研制开发新药的基础。

从 *Stelletta* 属海绵中提取出 2 个新颖的缩肽类化合物 stellettapeptins A-B，可以显著抑制 HIV 感染者 T 细胞中的 HIV 增殖，具有开发为治疗 HIV 药物的巨大潜力；从另一种名为贪婪倔海绵 *Dysidea avara* 的海绵中同样中分离到一种可以阻断 HIV 增殖的萜类化合物。此外，微生物研究也逐渐吸引科学家的目光，特别是极端环境下生存的海洋微生物、植物内生微生物等。例如，从缅因州的土壤内发现了一种名为 teixobactin 的抗生素，研究发现它可以杀死耐甲氧西林金黄色葡萄球菌（methicillin resistant staphylococcus aureus，MRSA）等多种超级细菌，可用于研发对抗超级细菌的“超级武器”。一些具有抗癌活性的海洋药物，如曲贝替定（trabectedin，ET-743）、泊仁妥西凡多汀（brentuximab vedotin，SGN-35）等也已经上市。

3. 新天然药物活性成分与创新药物研究 鞣质、多糖类等天然产物，在 20 世纪 60 年代以前常被认为是无药用价值的副产物而被除去，然而随后发现其具有良好的抑菌、抗病毒、抗炎及抗癌等作用。20 世纪 70 年代以来，科学家们对糖类和鞣制进行了大量的化学、药物学及相关的临床研究。此外，一些毒素如河豚毒素被发现可以镇痛、镇静、降压、解痉等，其独特的作用机制，引起了科学家的浓厚兴趣。这些具有很强的生理活性的新类型天然产物的发现，为新药的研究开辟了新的途径。

4. 新技术和新方法的改进和研究 随着现代化工技术、机械制造技术等新技术的发展，

一些高效的提取分离技术，如超临界萃取技术、树脂分离技术、高效液相色谱等使过去难分离的水溶性成分、微量成分、结构相似的异构体或同系物的有效分离成为可能。波谱手段的进步，也使得因结构相对复杂不易进行结构修饰这个曾限制天然药物化学发展的瓶颈开始松动。新技术和新手段的应用为研究天然药物化学中活性成分提供了便利条件。

5. 天然活性成分的体内代谢与药动学研究 药动学是定量研究药物在生物体内吸收、分布、代谢、排泄和毒性规律的一门学科。药物与人体相互作用是其发挥药效的关键，人体服用药物后，血液中一定存在原型成分或体内代谢产物等具有较强药理作用的活性成分，对疾病具有治疗作用。根据代谢研究的结果，发现与药物相互作用的受体，找出代谢和结构之间的规律并以此进行结构修饰，对改善药物性质，提高药物利用度等方面具有重要意义。此外，从药物代谢物中发现先导化合物也是新药研发的一个重要途径。对于一种药物，特别是一种新型药物，药动学研究在确定其给药剂量、给药形式和给药间隔等方面也有着重要的指导意义。

6. 复方制剂的研究与开发 复方制剂是中医临床用药的主要形式和手段，是中医整体观和辨证施治等理论精髓的体现，有着深刻的科学内涵，在防病治病中发挥了巨大作用。但是，由于复方制剂组成复杂，含有的化学成分不明确，作用机制不清楚，因而常缺乏为世人所能理解与接受的现代科学说明，使得我国复方药物长期以来一直难以进入国际市场。近年来，随着各种组学理论、系统生物学及生物信息学的发展，网络药理学（network pharmacology）的概念应运而生，它是基于疾病网络、基因网络、靶点网络、药物网络之间的相互关联，系统阐释药物对疾病网络的作用，揭示多分子药物协同作用于人体的奥秘。从整体性和动态性治疗原则出发，网络药理学提倡多靶点、多途径给药，这与中医学从整体的角度去诊治疾病的理论不谋而合，复方药物即是以其多成分通过多途径、多靶点协同发挥整体调节作用，网络药理学无疑为跨越中西医间的鸿沟架起了桥梁，为开发具有中医药特色的现代化复方制剂提供了一种新思路和新方法。

（三）天然药物研究中存在的问题

1. 天然药物研发可能出现的安全问题 在天然药物生产研发的过程中对化学成分进行提取分离时，难免会使用一些有毒试剂，长时间接触必然会影响实验人员的生命健康安全，对生物制药企业产生巨大危害。因此在制药过程中，要做好综合防范工作，对于制药的全过程都要加强健康监护。要做好实验室安全建设工程，严格遵守相关制度规范。

2. 天然药物研发可能出现的生态保护问题 天然药物研发过程中会经常产生一些对人体有害的物质或是提取时溶剂处理不当，都会造成生态环境的破坏。同时生物制药企业产生的生物垃圾也很容易造成企业周围环境的污染和破坏，危及生态环境的稳定性。因此，我们要做好生物制药过程中的生态保护工作，通过围场、定向气流等方法将生态危害降到最低，同时要做好生物制药企业的生态环保监测工作，以及节能减排的控制工作，有效地降低制药企业对环境的破坏。

3. 天然产物分离问题 一些性质相近的天然产物很难分离得到纯物质，特别是一些同系物，虽然有的分离技术可以达到分离效果，但是时间长，效率低，难以大规模应用，严重影响了天然药物的开发，应加大发展力度。

第四节 生药学与天然药物化学的研究实例

一、生药学的研究实例

（一）复方丹参滴丸研究实例

天士力复方丹参滴丸是全球首个由中国自主研发的通过美国FDA Ⅲ期临床试验的复方中药，自上市以来，其产品销售取得了辉煌的成就。1992 年，闫希军和吴乃峰夫妇根据中医理论指导和现代药剂学知识，以丹参、三七、冰片为原料成功研制出复方丹参滴丸，并于 1993 年获得国家食品药品监督管理局生产批文，1994 年正式投产上市。天士力复方丹参滴丸临床试验研究已经在美国、加拿大等 9 个国家的 127 家临床中心展开，至今没有一例与试验设计或试验用药相关的不良事件。2000 年首次以处方药的形式进入俄罗斯市场，并先后以处方药或非处方药的身份在加拿大、日本等 28 个国家注册成功，天士力复方丹参滴丸的成功是中药的创新和国际化的成功典范，为我国现代中药的发展指明了方向。

（二）分子生药学技术在附子道地药材鉴定中的应用实例

道地药材的形成主要受遗传背景、环境因素和人为因素的影响。道地药材分子机制的研究，就是要从分子水平上比较道地药材与非道地药材的差异，揭示道地药材的成因，并为区分出道地药材与非道地药材及真伪鉴定做出贡献。4 个省份的 16 个附子样本的 RAPD 分析、Shannon 多样性和 Nei 遗传分化表明，来自同一产地的样本间遗传多样性最低，同一区域不同产地的样本间遗传差异较大，不同区域的样品间遗传差异最大，说明附子的分布具有一定的地域性，为附子的药材道地性研究提供了分子水平的支撑依据。近年来，用分子谱系地理学的方法，通过分析叶绿体 DNA 的内含子和单核苷酸多态性能够得到非道地药材与道地药材之间甚至各个种属之间的 DNA 差异。

（三）指纹图谱在三七质量控制中的应用实例

指纹图谱是近年来发展起来的生药鉴定新技术，是对中药进行物种鉴定、真伪鉴别、质量评价的有效手段。中药指纹图谱分为化学指纹图谱和生物指纹图谱，一般来讲狭义的中药指纹图谱是指中药化学指纹图谱。中药指纹图谱是一种综合的鉴定手段，并非只是对单一成分进行鉴定，而是对中药化学成分进行系统研究。中药指纹图谱具有整体性和模糊性的特点，依靠该图谱对中药内在化学成分进行综合评价和整体质量控制，对于用于评价中药材及中药制剂半成品质量的真实性、优良性和稳定性具有重要意义。

黎琼红等应用 Kromasil C_{18}（4.6mm×250mm，5μm）色谱柱，乙腈水梯度洗脱（体积比为 2∶8～8∶2），流速 1.0ml/min，柱温 40℃，检测波长 203nm 的条件，以人参皂苷 Rg1 为参照物，对来自云南省 3 个地区不同规格的 11 批三七样品进行测定，检验出 15 个共有峰，如图 6-2 所示，不同规格的 11 批三七样品中该 15 种成分差异如图 6-3 所示。并通过“中药指纹图谱计算机辅助相似度软件”，计算出其相似度均在 0.99 以上。该测定方法稳定可靠，可以为三七药材的质量控制提供科学依据。

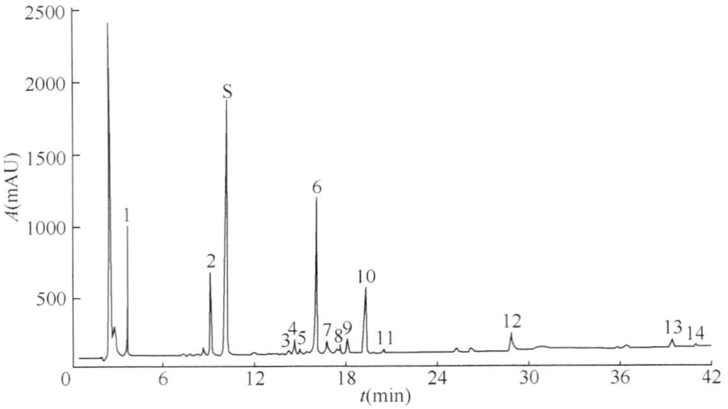

图 6-2 三七药材的指纹图谱

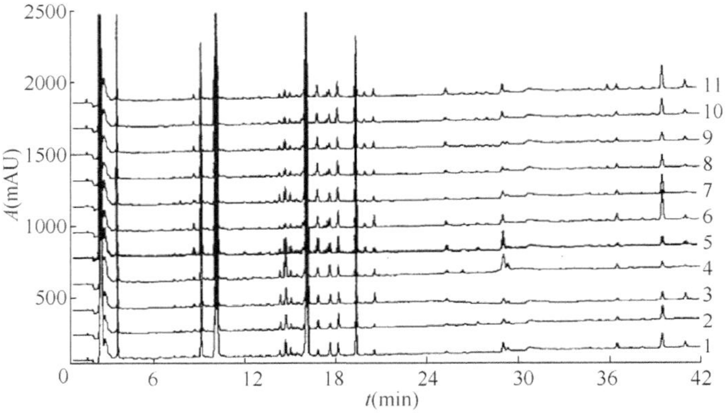

图 6-3 三七药材 11 批次的指纹图谱

（四）金银花规范化生产种植实例

自 GAP 发布以来，我国对中药材从生产到流通的各个过程都制定了严格的要求，确保了生药及天然产物药物的品质、安全、稳定可靠等。以金银花生产为例，在 GAP 指导原则下，我国对金银花生产的种植、采摘、加工等一系列过程开展研究，制定了金银花的规范化生产标准操作规程。金银花规范化生产种植，首先选择土壤肥沃的沙质土壤进行种植；采用扦插法繁殖，选取生长旺盛的枝条扦插；以有机肥为主，配合少量氮、磷、钾化肥施肥；金银花花期要保持适量水量；对于金银花的病虫害防治，采取“预防为主，综合防治”的方针；最好在二白期和大白期的上午 9∶00 之前采摘金银花，操作宜轻柔，勿损伤花蕾；烘干时一般采用逐步升温法，切勿中途停止、翻动花蕾。规范化种植提高了金银花的质量，向标准化、规范化、国际化迈出了重要的一步。

二、天然药物化学的研究实例

大自然所造就的化合物具有超乎人们想象力的结构，无论是神奇的简单小分子阿司匹林（aspirin，acetylsalicylic acid），还是结构新颖独特的海洋天然产物分子河鲀毒素（tetrodotoxin，

TTX），都使无数科学家为之惊叹。以下列举几例代表性的天然产物研究实例。

1. 喜树碱的提取分离实例　喜树碱是从我国特有植物珙桐科落叶植物喜树 *Camptotheca acuminate* 中提取的一种生物碱，对多种肿瘤具有抑制作用，与常用抗肿瘤药无交叉耐药性，并且毒性较小，因而成为临床抗癌常用药物。传统的喜树碱提取工艺复杂，都是以喜树的果实、根皮为原料，将其粉碎后以乙醇、氯仿等多种溶剂采用溶剂提取法进行提取，然后经重结晶制得。然而氯仿对生产人员毒害大，并且产率低，此外采用喜树根皮为原料，需要大量砍伐树木，破坏了森林资源，因此，一个高效的喜树碱提取分离工艺在促进喜树碱的应用和植物资源保护方面都有着重要的意义。随着超临界流体萃取技术、膜分离技术等现代分离技术的出现，以往许多难分离的物质被从其生源药物中分离出来，这为喜树碱的提取分离提供了思路。陈元胜等以氢氧化钠溶液对喜树叶的粉碎物进行浸提，然后除去杂质，并应用 3 次不同程度的膜分离技术使浸提液浓缩，进而以大孔吸附树脂吸附再用梯度乙醇解吸附，最后萃取浓缩并重结晶制得喜树碱产品。此工艺过程简单，容易操作，分离效率高达 70%～80%，产品纯度也可达 98.5%以上，并且设备体积小，为喜树碱的工业化生产提供了技术支持。

2. 青霉素的提取分离和构效修饰实例　青霉素是一种高效、低毒的广谱抗生素，作为医药史上三大经典药物之一的青霉素是人类征服细菌的里程碑，促进了抗生素家族的诞生，开辟了用抗生素治疗疾病的新纪元。青霉素属于 β-内酰胺类药物，其结构如图 6-4 所示，因分子结构中含有四元 β-内酰胺（β-lactam）环而极其不稳定，对高温、酸碱、酶及重金属离子的侵袭等都不耐受，其变态反应也较常见，并且由于青霉素的长期应用，许多耐青霉素细菌开始出现，对青霉素进行结构修饰成为一种必然要求。根据青霉素的结构特点，在酰胺侧链的 α 位引入氨基，以羟基取代苯环对位的氢原子所制得的阿莫西林就是青霉素修饰的一个典型药物。阿莫西林有着远胜于青霉素的稳定性，并且可以口服，大大增加了青霉素类药物的使用量，阿莫西林在临床上主要用于治疗泌尿系统、呼吸系统、胆道等的感染。青霉素还促进了许多具有 β-内酰胺结构抗生素的发现、改造和合成，尤其是碳青霉烯类抗生素，为抗菌谱最广、抗菌活性最强的非典型 β -内酰胺抗生素，已经成为治疗严重细菌感染最主要的抗菌药物之一。青霉素曾经

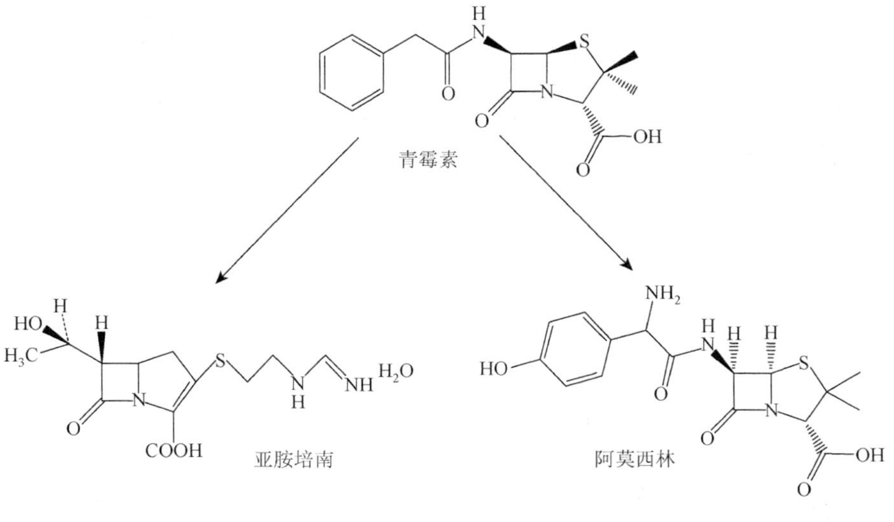

图 6–4　β –内酰胺类药物

在半个多世纪中挽救了无数人的生命，至今仍在造福于人类，特别是对梅毒螺旋体，青霉素仍为其治疗首选药物。

3. 青蒿素的构效修饰实例 青蒿素是从菊科植物黄花蒿 *Artemisia annua* L.的茎叶中提取到的带过氧基团的倍半萜内酯，是一种无色针状晶体，其分子式为 $C_{15}H_{22}O_5$，是中国药学家屠呦呦在 1971 年发现的一个伟大的天然药物。疟疾曾在过去的几个世纪中大幅肆虐，疟疾的恐怖深入人心，尽管奎宁、氯喹等抗疟特效药一度将疟疾击退，然而脑型疟疾和耐药性疟疾等恶性疟疾使得恐怖的阴霾再度笼罩。有速效、低毒、对疟原虫的抑制率可达到 100%的青蒿素，开辟了抗疟药的新领域，而屠呦呦也因发现青蒿素被授予 2015 年诺贝尔生理学或医学奖，成为第一个获得诺贝尔自然科学奖的中国人。目前，青蒿素及其衍生物是治疗疟疾最有效的药物，每年治疗病例 2 亿以上，拯救了数百万人的生命。但青蒿素在水和油中溶解性不好，口服吸收差，口服复燃率高（28 日复燃率为 45.8%），为克服此不足，我国进行了大量相关的结构修饰研究。

20 世纪 70 年代末，李英等首先将青蒿素内酯的羰基催化加氢得到双氢青蒿素，双氢青蒿素具有迅速、高效、安全、低毒且与大多数抗疟药无交叉抗性等优点，但双氢青蒿素的水溶性差和半衰期短，限制了其临床应用。以双氢青蒿素为中间体合成的蒿甲醚具有油溶和水溶的特点，化学稳定性优于青蒿素，抗疟效果是青蒿素的 10～20 倍，且临床前研究和三致实验证明蒿甲醚无明显毒副作用，目前已经广泛用于泰国、巴西、非洲等疟疾高发地区。青蒿素与琥珀酸反应制得的青蒿琥酯是目前唯一有效的青蒿素水溶性衍生物，具有多种给药特点，并已成功应用于临床。青蒿素及其衍生物的成功是发掘中药的典例，亦为中医药走向世界指明了一条道路。青蒿素类药物演变如图 6-5 所示。

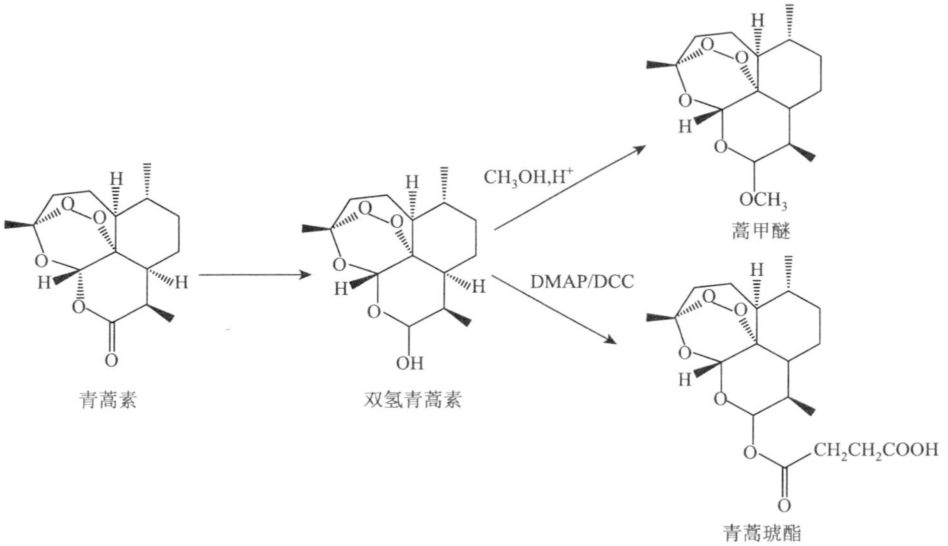

图 6-5 青蒿素类药物结构修饰

4. 紫杉醇的合成和半合成实例 紫杉醇含有特殊的 6/8/6-taxane 环状体系，含有 11 个立体中心、多个官能团，此外，骨架上还连有 1 个四元含氧环及 1 个带有酰胺等基团的苯丙酸酯侧链。由于具有新颖复杂的化学结构、广泛而显著的生物活性、全新独特的作用机制，紫杉醇成为20世纪90年代抗肿瘤药物中的明星药物，被用于乳腺癌、卵巢癌和部分头颈癌和肺癌等癌症的治疗。然而紫杉醇具有水溶性差、无法透过血脑屏障等缺点，并且随着临床的应用，紫杉醇被发现有着较高的不良反应发生率：4%～30%的患者发生心内膜炎；4%～64%发生轻度恶心、呕吐和局部静脉炎；几乎所有患者都脱发等。于是，对紫杉醇进行结构修饰以提高药效、减轻毒性已经成为世界抗癌研究领域关注的焦点。多西他赛是紫杉醇通过结构修饰所得的典型药物，多西他赛由紫杉醇将10-碳原子所连基团以羟基取代、酰胺侧链苯基用叔丁基取代而得，具有数倍于紫杉醇的抗癌活性，而不良反应大大降低，是当今应用最广的抗癌药物之一；通过向紫杉醇10-碳原子引入P-糖蛋白得到了具有良好血管通透性的紫杉醇衍生物，使得以紫杉醇治疗脑部肿瘤成为可能。研究表明紫杉醇主要来源于紫杉树皮，产量低，难以满足临床需求，为了解决其来源问题，科学家们在诸多方面做了大量研究来提高其产量，红豆杉栽培、植物组织细胞培养、寄生真菌培养等工作也都取得了较大的进展。目前多西他赛的生产常用半合成的方法，即以从红豆杉植物中分离得到的紫杉醇前体化合物巴卡丁Ⅲ和10-脱乙酰巴卡丁Ⅲ（10-DAB）为原料，通过侧链的合成，母核的保护，侧链与母核连接3个过程进行生产。紫杉醇和多西他赛半化学合成法如图6-6所示。

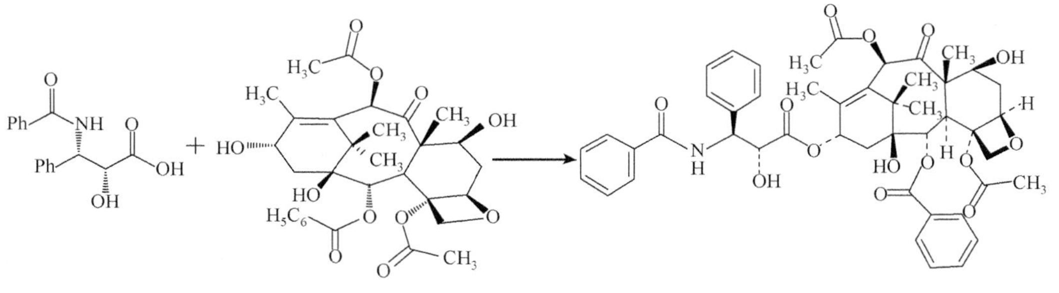

紫杉醇侧链　　巴卡亭III　　紫杉醇

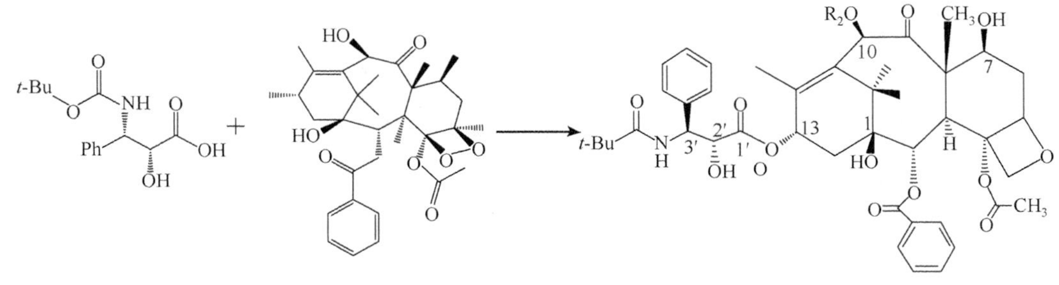

多西他赛侧链　　10-DAB　　多西他赛

图6-6　紫杉醇和多西他赛半合成化学式

思　考　题

1. 请思考生药学的主要研究内容和意义。
2. 生药学的主要研究任务是什么？请对其可行性谈谈你的看法。

3. 请思考生药学未来的发展趋势。
4. 什么是药材生产质量管理规范？为什么要实行？
5. 请简述天然药物化学的概念，并叙述其在医药领域中的应用。
6. 请简述天然药物化学在药学研究中的作用与地位。
7. 请简述天然药物化学的发展方向及可能存在的问题。

（周程艳）

第七章　药事管理学

第一节　药事管理学概述

药品从研发、上市、生产到销售环节，每一步都要通过严格管控且受法律保护。对于从事药学领域相关工作的人而言，除专业技能外，还必须熟悉、掌握一系列药学相关法律法规及药物质量管理规范。药事管理学，是一门交叉学科，综合运用管理学等多种学科的原理和方法，总结药事管理活动的规律，指导药学事业健康发展。通过学习这门课程，学生可对药品管理领域有初步了解，同时掌握一些药学相关的法律规范、行为规范及基本管理规则。药事管理学是高等学校药学专业必修的课程之一，是执业药师考试的重要内容之一。

一、药事管理的定义

“药事”是指与药品的研制、生产、流通、使用、价格、广告、信息、监督等活动有关的事。国家对药学事业的综合管理即为“药事管理”，药事管理可以使药学事业规范化、科学化、法制化，可以使药学事业涵盖的多个方面及药品从研发到上市的各环节形成较为完整的体系。国家对药学事业的管理为宏观的药事管理，各部门按照国家要求执行法规、文件、管理办法，在药品研制、生产、流通、价格、广告及使用等环节加强管理，对其质量进行严格监督，以确保安全有效；通过对药品研制、生产、经营、使用等部门监督检查，通报结果，对违法者进行处罚等手段来加强管理。药学事业中对人员、财务、物资设备、药品质量、技术、药学信息等各部门内部的管理，为微观的药事管理。

二、药事管理的重要性

加强药事管理，有助于完善我国基本医疗卫生制度，有助于提高全民健康水平，有助于保证人民用药安全有效，有助于增强我国医药经济在全球的竞争力。

三、我国药事管理学科的发展概况

我国药事管理学科的发展分为两个阶段。第一阶段为 1930～1960 年，以间断引进苏联和欧美的课程作为主要方式；第二阶段为 20 世纪 80 年代，结合我国药事管理具体情况，通过学习外国管理经验，形成了我国较为完善的药事管理学科体系，满足了药学事业在全球化进程中发展的需求。此后，经过 30 多年的发展，我国的药事管理学科体系在不断完善，已发展成为中国高等药学教育中不可或缺的一部分。

四、加强学习药事管理学的意义

药事管理学调整药学专业学生的知识框架，提高其综合素质，使其更加容易适应职业的发展；对国家药物政策的制定和完善起到了推动作用，使药事行政管理体制更加适合中国的发展现状，使我国药事行政管理更加现代化、科学化、法制化；可以提高全球化进程中医药经济的竞争力，使药品质量安全性、有效性得到有效保证，患者可以合理用药的需求得到满足。

第二节 药品及药品管理制度

一、药品的定义及其分类

药品是指用于预防、治疗、诊断人的疾病，有目的地调节人的生理功能并规定有适应证或者功能主治、用法和用量的物质。药品管理法律将药品分为以下 5 大类：处方药和非处方药；新药、仿制药、医疗机构制剂；特殊管理的药品；国家基本药物、医疗保险用药、新型农村合作医疗（简称新农合）用药；传统药和现代药。

二、药品监督管理

1. 药品监督管理的性质、作用 药品监督管理单位隶属行政机关，被国家授权，可以依法监督和管理药事组织等相关药事活动；包括司法、检察等机关和药事法人等监督行政机关及公务员中管理药品工作者。药品监督管理属于国家行政，具有法律性和双重性。其作用：使药品质量得到保证、推动新药研发、增强制药工业竞争力、使药品市场规范化、为药品供应及合理用药提供保障。

2. 药品监督管理的内容 药品监督管理的法律制度包括行政许可、行政强制、行政处罚、行政复议和行政诉讼等 5 大制度。药品监督管理的行政职权包括行政许可权；行政监督权；行政禁止权；行政立法权、规范权；行政形成权；行政处罚权；行政强制权。药品监督管理的行政行为：①审批确认药品，实行药品注册制度；②组织贯彻实施药品管理法及有关行政法规；③监督管理药品信息，实行审批制度；④对准予生产、经营药品和配制医疗机构制剂，实行许可证制度；⑤对特殊管理的药品严格控制；⑥监管上市药品；⑦行使监督权，实施法律制裁。药品飞行检查指药品监督管理部门针对药品研制、生产、经营、使用等环节开展的不预先告知的监督检查。

3. 药品标准与药品质量监督检验 药品标准是指国家的技术规定，主要针对药品的质量规格、检验方法，为药品的生产、流通、使用及检验、监督管理部门提供了法定依据。我国国家药品标准是指《中华人民共和国药典》、国家药品监督管理局批准的药品注册标准和其他药品标准，包括多种技术要求，如检验方法、质量指标和生产工艺等。

《中华人民共和国药典》是中国最高药品标准法典，依据法律组织制定和颁布实施，为药品的研制、生产、经营、使用和监督管理等提供了法定依据。所有国家药品标准应当符合《中华人民共和国药典》凡例及附录的相关要求。1953 年中国政府颁布第一部《中华人民共和国药典》，现行版《中华人民共和国药典》即2020年版，分为4部：分别为中药、化学药品、生物制品、通则及药用辅料。

药品质量监督检验的概念、性质、分类：药品质量监督检验是一种药物分析活动，具体指按照国家药品标准，国家药品检验机构对需要进行质量监督的药品进行抽样、检查和验证并发出相关结果报告。药品质量监督检验具有公正性、权威性、仲裁性。药品质量监督检验共分为4类：抽查检验、注册检验、指定检验和复检。

4. 我国药品管理制度　国家基本药物制度：2009年8月18日，由卫生部、发改委、工信部、财政部、人社部、商务部、国家食品药品监督管理局、中医药局共同制定的国家基本药物制度，是对基本药物的遴选、生产、流通、使用、报销、监测评价等环节实施有效管理的制度。该制度是政府为了满足国内公众的重点卫生保健需求，合理利用有限医药资源，保障人群用药安全、有效、合理而推行的核心国家药物政策。

药品分类管理制度，主要包含以下4方面。①处方药和非处方药分类管理：实行药品分类管理制度，为人们安全有效用药提供保障，为控制药品费用提供依据，提高药品监督管理水平，促进新药开发。②处方药管理：处方药包括麻醉药品、药品类易制毒化学品、终止妊娠药品、肿瘤治疗药、精神障碍治疗药、抗病毒药、未列入非处方药目录的抗菌药和激素、注射剂及药品监督管理局公布的其他必须凭处方销售的药品等九类药品。③“双跨”药品的管理：“双跨”药品，即一种既可作为处方药，又可作为非处方药使用和管理的药品。该类药品的适应证中必须含有一部分非处方药适应证，否则需作为处方药管理。此外，该类药品必须分别使用不同的包装、标签及说明书等。④非处方药管理：非处方药分为甲、乙两类，甲类安全性低于乙类。

第三节　药事组织与药学技术人员

一、药事组织概述

药事组织是指以实现药学社会任务为共同目标而建立起来的人们的集合体；是运用药学知识和药学技术的技术系统；是药学人员相互影响的社会心理系统；是人们以一定的结构关系而共同工作的系统。基本的药事组织类型包括药品生产和经营组织、药品管理行政组织、药学教育和科研组织、医疗机构药房组织、药事团体组织。

二、我国药事监督组织体系

1998年以前，主要是县级以上卫生行政部门行使我国药事管理组织体系中的药品监督管理的职能，并形成了系统的管理组织体系。1998年，国务院组建了国家药品监督管理局，其负责我国药品监督管理工作。2003年3月，在国家药品监督管理局的基础上组建国家食品药品监督管理局。2008年，设立国家食品药品监督管理局（副部级），为卫生部管理的国家机构。2013年，设立正部级国家食品药品监督管理总局（China Food and Drug Administration，CFDA），为国务院直属机构。2018年，设立国家药品监督管理局（National Medical Products Administration，NMPA），直属于国家市场监督管理总局。

我国药品管理机构设置及各部门职责：国家药品监督管理局，主要负责我国药品监督管理工作，其内设机构有综合和规划财务司、药品注册管理司、药品监督管理司等；省、自治区、直辖市药品监督管理机构，充实加强基层监管力量，对各个环节的食品药品的安全有效进行统一监督管理，以更有效地提高其监督管理水平；市、县药品监督管理机构是同级政府的工作机构，保证其对药品各个过程的有效监管，保证其相对独立地依法履行职责。

三、我国药品技术监督管理机构

以中国药品生物制品检定所为首的药品技术监督部门是国家对药品质量实施技术监督检验的法定机构，对我国药品质量进行法定监督和检验，分为国家级、省级、地（市）级和县级四级，各自负责辖区内药品的技术监督工作。为增加药品的技术监督的力度，国家将对符合条件的药品检验机构进行认证，依法实施药品抽验及审批检验等技术监督工作。

四、国外药事管理体制及机构

美国药品监督管理体制及机构：卫生和公众服务部（United States Department of Health and Human Services，HHS）下设的FDA。各州根据州卫生管理法规及各州的《药房法》确定州卫生局药品监督管理机构及职责，选举产生州《药房法》的执法机构“药房委员会”。州药房委员会、州卫生局药品监督管理机构与联邦政府的HHS、FDA之间无上下级关系，而是协作关系。美国药典会为独立机构，负责制订药品标准。

日本药品监督管理体系及机构：日本的药事监督管理有三级，中央级、都道府县级和市町村级。中央政府厚生劳动省医药食品局掌权，地方政府依法执行。

五、药师概述

药师的类别：①按是否依法注册分为药师、执业药师；②按所学专业分为中药师、西药师、临床药师；③按职称职务分为药师、主管药师、副主任药师、主任药师；④按是否拥有药房所有权分为开业药师、被聘任药师；⑤按工作单位分为药品生产企业药师、药品经营企业药师、药品监督管理部门药师、药房药师（包括医院和社会药房药师）、药物科研单位药师、药检所药师。药师的功能：①药学专业性功能；②药学基本技术功能；③行政监督和管理的功能；④企业家功能。

六、我国执业药师资格相关制度

执业药师是指经全国统一考试合格，取得执业药师资格证书并经注册登记，在药品生产经营、使用单位中执业的药学技术人员。执业药师应当遵守职业操守，对药品质量负责，保证人民用药安全有效；遵守相关法规、政策，根据法律应对违法行为提出劝告制止、不予执行或向上级报告；对药品质量进行监督和管理，参与制定、实施药品质量管理；审核与监督调配处方，提供用药信息，配合指导合理安全有效用药，评价药品疗效及检测药物治疗等临床药学工作。执业药师考试为职业资格准入考试，一年一次，并采用全国统一大纲、统一命题、统一组织的考试制度。

第四节 药品管理立法

一、药品管理立法的发展历史

政府对药品实施行政和法律的监督早已有悠久的历史。与医药相关的法律条文，在古埃及的《纸草书》中就已经有所记载。化学治疗药物的快速增长、制药工业迅速兴起和发展，使药物行业成为发展最快的行业之一，同时也出现了震惊全世界的药害事件。因此，许多国家加强了药品管理立法。

我国的药品管理立法一共经历 4 个阶段。1911～1948 年正式编写药政法规；1949～1983 年我国加大了完善药政法规的力度；1984 年我国颁布《中华人民共和国药品管理法》简称《药品管理法》；2002 年公布了《中华人民共和国药品管理法实施条例》简称《实施条例》。2019 年 8 月 26 日，新修订的《中华人民共和国药品管理法》（以下简称《药品管理法》）经十三届全国人大常委会第十二次会以表决通过，于 2019 年 12 月 1 日起施行。《实施条例》依据 2019 年 3 月 2 日《国务院关于修改部分行政法规的决定》（国务院令第 709 号）修订。药品管理立法的基本特征：以维护人民健康为目的、核心标准为药品质量、系统性和国际化。

二、《药品管理法》介绍

《药品管理法》12 章，包括总则、药品研制和注册、药品上市许可持有人、药品生产、药品经营、医疗机构制剂管理、药品上市后管理、药品价格和广告、药品储备和供应、监督管理、法律责任和附则。

（1）总则部分：立法的目的；法规的适用范围；我国发展药品的方针；药品监督管理体制和药品检验机构的设置及其责任。

（2）药品研制和注册部分：药物非临床研究质量管理规范（Good Laboratory Practice，GLP）；药物临床研究质量管理规范（Good Clinical Practice，GCP）；药品注册申请；药品审评审批工作制度；国家药品标准；药品通用名称。

（3）药品上市许可持有人部分：药品上市许可持有人定义；药品上市许可持有人应当建立的药品质量保证体系；药品上市许可持有人应当建立的药品上市放行规程；药品追溯制度；年度报告制度。

（4）药品生产部分：从事药品生产活动应具备的条件；GMP；药品生产应当遵守的规定。

（5）药品经营部分：从事药品经营活动应具备的条件；处方药与非处方药分类管理制度；药品经营质量管理规范（Good Supply Practice，GSP）；药品经营企业经营行为的规定。

（6）医疗机构制剂管理部分：医疗机构配备药学技术人员的规定；医疗机构配制制剂的规定；医疗机构购进、保管药品的规定；医疗机构调配处方的规定；医疗机构配备药品的限制。

（7）药品上市后管理部分：药品上市后风险管理制度；不良反应监测制度。

（8）药品价格和广告部分：药品价格管理部分包括实行市场调节价的原则；药品广告管理部分包括药品广告审批规定与程序，药品广告的范围、内容与限制，药品广告的检查与处理。

（9）药品储备和供应部分：国家药品储备制度；国家基本药物制度。

（10）监督管理部分：规定了药品监督检查的行政主体，规定了药品监督管理的行政相对方；对可能危害人体健康的药品及其有关材料采取行政强制性措施；对药品监督管理部门和药品检验机构的禁止性规定；实行不良反应报告制度；药品行政收费的规定。

（11）法律责任部分：违反有关许可证、药品批准证明文件的规定的违法行为应当承担法律责任；产销伪劣药品务必承担法律责任；违反《药品管理法》及其他相关规定的行为应承担法律责任；行政主体违反《药品管理法》务必承担法律责任；执行行政处罚和行政处分的相关规定。

（12）附则是指附在法律最后部分的说明性及补充性条文，该部分包括：用语含义，药品等有关术语和有关用语解释；对制定有关管理办法的授权性规定；法律法规施行时间。

第五节 药品注册管理

一、药品注册管理制

1906 年，美国国会通过并颁布了第一部综合性药品管理法律，主要是针对各州间药品贸易中禁止贴假标签和掺假的规定，而基本没有药品注册管理的规定。其间发生了诸多“药害”事件，为此美国国会于 1938 年修订《联邦食品、药品和化妆品法》（Federal Food Drugs and Cosmetic Act，FDCA），要求上市药品必须向 FDA 提供新药安全性证明。

1962 年，美国再次对 FDCA 进行修订，规定任何一种药品上市前，除安全性证明外，还必须向 FDA 提供充分的有效性证明。其他各国政府也对新药审批注册实行了法制化管理。各国新药审批注册法规内容大体一致，但在具体技术指标上有差别。

1979 年美国国会通过 GLP，为申请药品注册而进行的非临床研究必须遵守的规定，收载于联邦法规汇编。美国颁布 GLP 后引起许多国家的高度重视，随后其余各国也相继制定了该国的 GLP。美国 FDA 于 20 世纪 70 年代末颁布了 GCP。20 世纪 80 年代 FDA 又修订了新药市评规定，并以法律形式在美国加以实施。随后，英国、法国等国家也先后制订并颁布了各自的 GCP。

二、药品注册管理的必要性

①保证药品安全有效，维护人民健康。在人类药物发展史上，药害事件层出不穷。因此，必须通过法律等强制性手段规范药品的研究过程，对药品进行注册监管。②提高新药研发水平，提升医药科技竞争力。迄今为止，我国药物制剂产品都较难符合国际药品市场的规定与技术要求，通过与国际接轨的药品注册技术原则的指导和药品审批管理，可引导新药研发方向，提高药品生产质量，提升医药科技竞争力。③规范药学科研行为，维护科研道德。药物研发过程中科研行为的规范和科研道德的维护，离不开药品注册管理法律法规、相应质量管理规范和技术指导原则的严密规定、严格约束和对违法行为的严厉处罚。

三、药物的临床前研究和临床研究管理

药物的临床前研究和临床研究管理是药物研发中的主要环节，是确保药品的安全、有效、质量可控的关键步骤。

1. 药物的临床前研究管理 药物临床前研究作为申请药品注册的前期过程，包括药物原料药工艺研究、提取方法研究、理化性质及纯度研究、剂型选择、处方筛选、制备工艺、药品质量试验、检验方法研究、稳定性试验、药效学试验、急性毒性试验、依赖性试验、动物药动学试验等。药物进行临床前研究必须遵循 GLP。

2. 药物的临床研究管理 临床试验和生物等效性试验是药物的临床研究的两大部分。临床试验又分为 I 期、II 期、III期、IV期。I 期临床试验是初步的临床药理学及人体安全性评价试验。II 期临床试验是治疗作用初步评价阶段。III期临床试验是治疗作用确证阶段。IV期临床试验是新药上市后由申请人进行的应用研究阶段。生物等效性试验，是用生物利用度研究的方法，以药动学参数为指标，比较同一种药物的相同或不同剂型的制剂，在相同的试验条件下，其活性成分吸收程度和速度有无统计学差异的人体试验。药物进行临床研究必须遵循 GCP。

四、药品的申报与审批

1. 新药的申报与审批 分为临床研究申报审批和生产上市申报审批两个阶段。两次申报与审批均要经过形式审查和研制（临床试验）现场核查，以及药品审评中心技术审评并提出技术审评意见，由国家药品监督管理局进行最终审批。

2. 仿制药的申报与审批 程序与新药相似，若需开展临床研究，也需经过临床研究审批和生产上市审批两个阶段。每个阶段经形式审查和研制（临床试验）现场核查，药品审评中心进行技术审评并提出技术审评意见，由国家药品监督管理局进行最终审批。

3. 进口药的申报与审批 与新药审批程序相似，所不同之处，一是直接向国家药品监督管理局申请；二是中国食品药品检定研究院承担样品检验和标准复核；三是批准后所发证明文件是进口药品注册证。

4. 非处方药的申报与审批 可申请非处方药的三种情形：①已有国家药品标准的非处方药的生产或进口；②经国家药品监督管理局确定的非处方药改变剂型，但不改变适应证或者功能主治、给药剂量及给药途径的药品；③使用国家药品监督管理局确定的非处方药活性成分组成新的复方剂型。

5. 药品技术转让的申报与审批 药品技术转让，是药品技术的所有企业按照《药品技术转让注册管理规定》的程序和要求，将药品生产技术转让给受让方药品生产企业，并由受让方药品生产企业申请药品注册的过程。申报由国家药品监督管理局进行审批。

五、药品上市后再评价与监测管理

药品能够预防和治疗疾病，但它在发挥防治疾病作用的同时，也具有一定的风险性，如不可预知或不可避免的不良反应等。建立上市后再评价与监测管理制度，能够预先识别药物风险

信息，降低药品风险，确保上市药品的安全性和有效性，提高药品质量。

药品上市后再评价是根据医药最新科技水平，从药学、临床医学、药物流行病学、药物经济学及药物政策等方面，对已批准上市的药品的有效性、安全性、质量可控性、经济性及使用合理性等进行系统评估的科学过程。

药品上市后再评价的内容主要围绕药品安全性评价、药品质量评价、临床有效性评价和经济性评价四个方面展开。目前我国开展的药品上市后监测工作，主要包括药品不良反应报告与监测及药品质量检验与公告制度，侧重于对药品上市后的安全和质量开展评价和监测管理。我国药品监测与再评价后的主要管理处置措施，包括暂停生产、销售、使用；修改说明书；药品找回；撤市和淘汰。

第六节　特殊管理药品和中药品的管理

一、特殊管理药品概述

《药品管理法》第 112 条规定，国家相关部门对麻醉药品、精神药品、医疗用毒性药品、放射性药品、药品类易制毒化学品等有其他特殊管理规定的实行特殊手段管理。特殊药品包括麻醉药品、精神药品、医疗用毒性药品、放射性药品、药品类易制毒化学品等，其特点是具有致幻作用、成瘾性、毒性和放射性。

二、麻醉药品和精神药品的管理

麻醉药品是指对中枢神经有麻醉作用，连续使用后会使人身体产生依赖，让人上瘾的一种药品。其直接作用于中枢神经系统，使人极度兴奋或抑制。根据 2005 年 8 月 3 日公布的《麻醉药品和精神药品管理条例》，制订了严格的法律条例来约束麻醉药品和精神药品的管理、生产、经营、使用等活动。

麻醉药品和精神药品的管理机构：国家药品监督管理局对全国范围内的麻醉药品和精神药品进行监督管理工作，并和国务院农业主管部门合力对麻醉药品药用原植物实施监督管理。国家医疗保障局负责对医疗机构特殊管理药品合理使用进行监督管理。国务院公安部门负责对麻醉药品药用原植物、麻醉药品和精神药品非法渠道流入的行为进行查处。麻醉药品和精神药品的生产管理：定点企业审批、专有标志管理、定点生产制度；生产管理；定点生产企业的销售管理。麻醉药品和精神药品的经营管理分为三部分：定点经营制度、销售范围规定、销售规定。麻醉药品和精神药品的使用管理：医疗机构需要经所在地的市级卫生主管部门批准后，取得麻醉药品、第一类精神药品购用印鉴卡后才有资格使用麻醉药品和第一类精神药品。

三、医疗用毒性药品的管理

医疗用毒性药品，简称“毒性药品”，系指治疗剂量与中毒剂量相近，药品毒性剧烈、使用不当会造成使用者中毒，严重者死亡的药品。毒性药品生产企业必须由医药专业人员负责建立严格的生产、配制和质量检验和管理制度。毒性药品年度生产、收购、供应和配制计划由省、自治区、直辖市卫生行政部门根据医疗需要制订后，下达给指定的毒性药品生产、收购、供应单位。零售药店需凭盖有医生所在的医疗机构公章的正式处方才允许供应和调配毒性药品。

四、中药管理有关规定

（1）《药品管理法》中药管理相关规定：地区性民间习用药材的管理办法；有新发现和从国外引种的药材必须经国家药品监督管理部门审核批准后，方可销售；中药材的种植、采集和饲养的管理办法等。

（2）中药材管理规定。《实施条例》中涉及中药材管理的规定：国家鼓励积极培育中药材促进中药材发展规模。对集中规模化栽培养殖中药材，质量可以控制并符合国务院药品监督管理部门规定条件的中药材品种，实行批准文号管理。

（3）中药饮片管理规定。《药品管理法》中涉及中药饮片管理的规定：中药饮片必须按照国家药品标准炮制；国家药品标准没有规定的，必须按照省、自治区、直辖市药品监督管理部门炮制规范炮制。《实施条例》中涉及中药饮片管理的规定：生产中药饮片，应当选用适应的包装材料和容器。其他中药饮片管理规定的规性文件还有 GSP、医院中药饮片管理规范。

（4）中成药管理规定。《药品管理法》《药品注册管理办法》《中药注册管理补充规定》《关于开展中药注射剂安全性再评价工作的通知》（国食药监办〔2009〕28 号）。

五、中药品种及野生药材资源保护管理

《中药品种保护条例》属国务院颁发的行政法规。其法规适用于中国境内用于生产制造的中药品种，包括中成药和天然药物的提取物、制剂和中药人工制品。

（1）中药保护品种的范围和等级划分：受保护的中药品种范围分为一级和二级。申请中药一级保护品种需满足的条件：①对特定疾病具有特殊疗效的；②相当于国家一级保护野生药材物种的人工制成品；③用于预防和治疗特殊疾病的。申请中药二级保护品种应具备的条件：①符合上述一级保护的品种或已经解除一级保护的品种；②从天然药物中提取的有效物质或特殊制剂；③对特定疾病有显著疗效的。

（2）重点保护野生药材物种的分级及其品种名录：一级保护，处于濒临灭绝状态的稀有野生药材物种；二级保护，生长区域缩小，生长环境苛刻，资源处于衰竭状态的重要野生药材物种；三级保护，主要常用的数量严重减少的野生药材物种。

（3）野生药材资源保护管理的具体办法：对一级保护野生药材物种的管理，禁止采猎，物种属于自然淘汰的，其药用部分由各级药材公司负责经营管理，但严禁出口。对二、三级保护野生药材物种必须按照批准的计划执行管理采猎、收购。采猎者须持有采药证，需要进行采伐或狩猎的，必须申请采伐证或狩猎证。

六、GAP

GAP 目的是保证中药材质量，以控制药材质量的各种因子，规范中药材各生产环节及全过程，药材真实、优质、稳定、有效，是中药材生产和质量管理的基本准则。其核心内容和最

终目标就是生产品质好、药效高的药材。GAP 认证分为认证管理办法与标准、中药材 GAP 认证管理部门 GAP 认证、中药材 GAP 认证的程序、中药材 GAP 证书的有效期。

第七节 药品知识产权与信息管理

一、药品知识产权保护的意义

药品知识产权是指一切与药品有关的发明创造和智力劳动成果的财产权，加强药品知识产权保护，有利于激发医药科技工作者创新的积极性。药品的研究开发是项复杂的系统工程，加强药品知识产权保护有利于推动医药科技产业化发展。医药科技创新必须及时转化为新的药品，才能创造财富和价值，加强药品知识产权保护有利于保障药品生产企业的竞争优势使其拥有更多的具有独立知识产权的品种并保护好自己的发明成果。加强药品知识产权保护是保障企业在国际市场上的优势、提升产品附加值、逐步扩大国内外市场份额的保证，有利于中药资源的保护和创新资源的合理配置。

二、药品专利保护

专利是指法律保障创造发明者在一定时期内由于创造发明而独自享有的权益，包含的内容有专利权，获得专利权的发明创造专利文献。药品专利的类型有发明、产品发明、方法发明、实用新型、外观设计。授予专利权的条件要有新颖性、创造性、实用性，要经过申请，审查，批准申请专利。

专利权的期限：发明专利权为 20 年；实用新型和外观专利权为 10 年。专利权终止的情况：专利权期限届满自行终止；专利权人以书面声明放弃其专利权；专利权人不按时缴年费。专利权禁止其他人未经专利权人许可实施其专利注明标记的权利。

三、药品商标保护

商标指能够将以生产者、经营者的商品或服务与其他生产者、经营者的商品或服务区别开来，并可为视觉所感知的标记。注册商标专用权在国内的行政保护有《新药保护和技术转让的规定》《中药品种保护条例》、涉外行政保护。药品商标保护的意义：①表彰商品来源的功能、广告宣传功能和提供法律保护的功能；②区别商品、标示商品质量和测知消费水准的功能；③有助于监督和提高产品质量，保证公平竞争。

四、药品信息管理概述

药品信息是有关药品和药品活动特征、特性和变化方面的信息。药品信息的特征：①无限性和有限性；②真实性和虚假性；③系统性和片面性；④动态性和时效性；⑤依附性和传递性；⑥目的性和价值性。药品信息的分类和收集按内容分为药品经济信息、药品科技信息、药品政策法规信息、药品教育信息；按照阶段分为上市前药品信息、注册中药品信息、上市后药品信息；按来源分为内部信息、外部信息；按载体形式分为语音信息、图像信息、数字信息、计算机信息。国家对药品信息的监督管理：组织制定颁布药品标准，通过立法程序制定发布有关药品信息管理的法规，强制推行，对违反者给予相应的惩罚；建立建设药品监督计算机信息系统；通过药学教育改革，培养临床药师、情报药师，从专业上提高药品信息的水平。

五、药品包装、标签、说明书管理

药品说明书、标签是为了指导如何储运和使用药品。药品说明书、标签为消费者提供了药品的重要信息，指导人们正确地经销、保管和使用药品。

药品说明书，是指药品生产企业印制并提供的，包含药理学、毒理学、药效学、药动学及医学等药品安全性、有效性重要科学数据和结论的，用来指导临床正确使用药品的技术性资料。药品标签是指药品包装上印有或贴有的内容。

药品说明书是药品最根本、最重要的信息来源，它与药品的研制、生产、销售、储运、使用等众多环节密切相关。药品说明书内容有以下要求。①药品说明书的书写根据：药品说明书应当包含药品的安全性、有效性的科学信息，用来指导安全合理使用药品。药品说明书对疾病名称、药学专业名词、药品名称、商品名、临床检验名称和结果的表述必须采用国家统一颁布或规范的专用词汇，度量衡单位必须符合国家标准的规定。②列出有效活性成分：中药药味辅料药品说明书必须列出全部活性成分或组方中的全部药味。注射剂和非处方药应当列出所用的全部辅料名称。如果药品处方中含有可能引起严重不良反应成分或者辅料的，应当给出说明。③药品说明书修改注意事项：根据药品不良反应监测和药品再评价的结果，药品生产企业应当主动提出修改药品说明书。国家药品监督管理局也可以监督企业修改。修改的药品说明书必须经过国家药品监督管理局审核批准后方有效。批准修改的药品说明书内容，药品生产企业应立即通知相关的药品经营企业、经营单位及其他部门，按照要求及时使用修改后的说用书。药品说明书核准日期和修改日期需要在说明书中予以醒目标志。④列出全部药品不良反应：药品说明书应当给出全部药品的不良反应信息，并详细注明。如果药品生产企业没有将药品不良反应在说明书中充分说明的或没有根据药品上市后的安全性、有效性及时修改说明书并充分说明不良反应的，由此引起的不良后果必须由该药品生产企业承担。⑤药品名称和标识：药品说明书使用的药品名称，必须符合国家药品监督管理局公布的药品通用名称和商品名称的命名原则，特殊药品必须标有专用标识。

六、药品广告管理

药品广告（drug advertisement）是广告活动的一部分。所谓广告，是指商品经营者或服务提供者通过一定媒介的形式直接或间接地说明自己所推销的商品或服务的商业广告活动。所以，凡是利用各种媒介形式发布的广告中含有药品名称、药品适应证（功能主治）或与药品有关的内容，都统称药品广告。

国家药品监督管理局对药品广告审查机关的药品广告审查工作进行指导和监督。

七、互联网药品信息服务管理

为了加强药品监督管理，规范互联网药品信息服务活动，保证互联网药品信息的真实、准确、有效，国家食品药品监督管理局于 2004 年颁布《互联网药品信息服务管理办法》，2017 年

11 月 17 日国家食品药品监督管理总局令第 37 号《国家食品药品监督管理总局关于修改部分规章的决定》修正。

互联网药品信息服务，是指消费者或患者通过互联网的形式获取药品（含医疗器械）信息的服务活动。互联网药品信息服务主要有经营性和非经营性两种方式。经营性互联网药品信息服务是指通过互联网为消费者或患者有偿提供药品信息等服务的活动。非经营性互联网药品信息服务是指通过互联网无偿地为消费者或患者提供公开的、共享性的药品信息等服务的活动。互联网药品信息服务提供者如果有违反以下情形的，国家药品监督管理局或省、自治区、直辖市（食品）药品监督管理部门应当给予警告，责令限期改正；如果情节严重的，对提供非经营性互联网药品信息服务的网站处以 1000 元以下罚款，对提供经营性互联网药品信息服务的网站处以 1 万元以上 3 万元以下罚款；构成犯罪的，移送司法部门追究刑事责任。①已经获得《互联网药品信息服务资格证书》，但提供的药品信息直接撮合药品网上交易的；②已经获得《互联网药品信息服务资格证书》，但超出审核同意的范围提供互联网药品信息服务的；③提供不真实互联网药品信息服务并造成不良社会影响的；④擅自变更互联网药品信息服务项目的。

第八节　药品生产监督管理

一、药品生产管理与质量管理

药品生产是指将原料加工制备成能供医疗用的药品的过程。生产管理主要研究以下几方面的问题。①生产过程的组织，其包括生产的过程类型、生产过程的空间和时间组织及生产方式等。②生产计划，其包括生产技术的准备计划及生产计划与作业计划。③生产控制，主要是生产进度与质量控制。④人、机器与环境的管理系统。

质量管理是指在质量方面指挥和控制组织的协调活动。质量管理是管理的一部分。其内容包括和产品、过程或体系的质量相关的活动，如制订组织的质量方针，进行质量策划、质量控制、质量保证和质量改进。

二、药品生产监督管理

为了加强对药品生产环节的监督管理，国家食品药品监督管理局于 2004 年 8 月 5 日以第 14 号局令发布了《药品生产监督管理办法》。其就开办药品生产企业的申请与审批、药品生产许可证管理、药品委托生产管理及监督检查管理四个方面从药品生产企业的筹建、验收程序，药品生产许可证的年检、变更要求，药品委托生产的品种、审批程序、申报资料及药品生产监督检查等方面进行了规范化的规定。

（1）药品生产许可管理：《药品生产监督管理办法》第六、七条规定，开办药品生产企业需符合人员，厂房、设施，质量检验机构及人员，规章制度四方面的条件。同时，申请人应当向拟办企业所在地省、自治区、直辖市药品监督管理部门提交相应申请材料。

（2）药品委托生产的管理：药品委托生产是指药品生产企业在因技术改造暂不具备生产条件和能力或产能不足暂不能保障市场供应的情况下，将其持有药品批准文号的药品委托其他药品生产企业全部生产的行为，不包括部分工序的委托加工行为。

（3）药品生产监督检查：国家药品监督管理局可直接对药品生产企业进行监督检查，并对省、自治区、直辖市药品监督管理部门的监督检查工作进行监督和检查，以及对认证通过的生产企业GMP 的实施及认证情况进行监督和检查。主要内容是药品生产企业执行有关法律、法规及实施GMP 的情况，监督检查包括药品生产许可证换发的现场检查、GMP 跟踪检查、日常监督检查等。

三、GMP

GMP 是世界各国对药品生产全过程监督管理普遍采用的法定技术规范。其作为质量管理体系的一部分，是药品生产管理和质量控制的基本要求，旨在最大限度地降低药品生产过程中污染、交叉污染，以及混淆、差错等风险，确保持续稳定地生产出符合预定用途和注册要求的药品。

我国现行的 GMP 包括总则、质量管理、机构与人员、厂房与设施、设备、物料与产品、确认与验证、文件管理、生产管理、质量控制与质量保证、委托生产与委托检验、产品发运与召回、自检及附则，共计十四章三百一十三条。

总则部分明确指出，本规范作为质量管理体系的一部分，是药品生产管理和质量控制的基本要求，旨在最大限度地降低药品生产过程中污染、交叉污染，以及混淆、差错等风险，确保持续稳定地生产出符合预定用途和注册要求的药品。

质量风险管理是在整个产品生命周期中采用前瞻或回顾的方式，对质量风险进行评估、控制、沟通、审核的系统过程。应当根据科学知识及经验对质量风险进行评估，以保证产品质量。质量风险管理过程所采用的方法、措施、形式及形成的文件应当与存在风险的级别相适应。

企业建立的组织机构及从事药品生产的各级人员均在 GMP 第三章有相关的要求，各级人员均应按该要求进行培训和考核。

GMP 第四、五章，对药品生产厂房、生产区、仓储区、质量控制区及生产设备作出规定以能够最大限度地避免污染、交叉污染、混淆和差错，便于清洁、操作和维护。

洁净区可分为以下四个级别：A 级，也称高风险操作区，如灌装区、放置胶塞桶和与无菌制剂直接接触的敞口包装容器的区域及无菌装配或连接操作的区域，应当用单向流操作台（罩）维持该区的环境状态。B 级，指无菌配制和灌装等高风险操作 A 级洁净区所处的背景区域。C 级和 D 级，指无菌药品生产过程中重要程度较低操作步骤的洁净区。

药品生产所用的原辅料、与药品直接接触的包装材料应当符合相应的质量标准，应当尽可能减少物料的微生物污染程度。应当建立物料和产品的操作规程，确保物料和产品的正确接收、储存、发放、使用和运输，防止污染、交叉污染、混淆和差错。物料和产品的处理应当按照操作规程或工艺规程执行，并有记录。

文件是质量保证系统的基本要素。企业必须有内容正确的书面质量标准、生产处方和工艺规程、操作规程及记录等文件。企业应当建立文件管理的操作规程，系统地设计制订、审核、批准和发放文件。与本规范有关的文件应当经过质量管理部门的审核。文件的内容应当与药品生产许可、药品注册等相关要求一致，并有助于追溯每批产品的历史情况。文件的起草、修订、审核、批准、替换或撤销、复制、保管和销毁等应当按照操作规程管理，并有相应的文件分发、撤销、复制销毁记录。同时由适当的人员签名并注明日期。

所有药品的生产和包装均应当按照批准的工艺规程和操作规程进行操作并有相关记录，以确保药品达到规定的质量标准，并符合药品生产许可和注册批准的要求。应当建立划分产品生产批次的操作规程，生产批次的划分应当能够确保同一批次产品质量和特性的均一性。每批药品应当编制唯一的批号。

无菌药品应当尽可能采用加热方式进行最终灭菌，可采用湿热、干热、离子辐射、环氧乙烷或过滤除菌的方式进行灭菌。每一种灭菌方式都有其特定的适用范围，灭菌工艺必须与注册批准的要求相一致，且应当经过验证。

第九节　药品经营监督管理

一、药品经营管理概述

药品销售渠道概述：药品销售渠道是指药品从生产者向消费者转移过程中一切取得其所有权或帮助转移其所有权的企业和个人，包括药品批发企业、药品零售机构及受企业约束的代理（医药代理商）。药品销售可分为直接销售和间接销售两种销售形式。直接销售是指药品生产企业不经流通领域的中间环节，直接销售给消费者或患者；间接销售是指生产企业通过流通领域的中间环节，如药品批发商和零售商、医疗机构等把药品销售给消费者或患者。值得注意的是处方药必须凭执业医师处方，由执业药师调配分发销售给消费者或患者。

（1）药品经营企业的经营方式：①药品批发是指将购进的药品直接销售给药品生产企业、药品经营企业、医疗机构等的经营行为；②药品零售连锁是指经营同类药品、使用统一商号的若干店铺，在同一领导的管理下，采用统一质量标准、统一采购配送、采购同销售分离、实行规模化管理经营的一种组织形式；③药品零售是指将购进的药品直接销售给消费者或患者的行为。

（2）药品经营企业的经营范围：药品经营企业的经营范围主要有精神类药品、麻醉类药品、医疗用毒性药品；生物制品；中药材、中药饮片、中成药、化学原料药及其制剂、抗生素原料药及其制剂、生物制剂等药品。从事药品零售的，首先需要核定经营的类别，确定申办人经营处方药或非处方药、乙类非处方药的资格，并在经营范围中予以明确，再核定具体经营范围。医疗用毒性药品、麻醉类药品、精神类药品、放射性药品和预防性生物制品的核定必须按照国家特殊药品管理和预防性生物制品管理的有关规定执行。

药品流通（drugs distribution）是指从整体来看药品从生产者转移到患者的活动、体系和过程，包括了药品流、货币流、药品所有权流和药品信息流。其特点：需要严格保证药品的质量；药品的种类、规格、批次多；对销售人员和销售机构的要求高；药品定价和价格控制难度大；药品广告宣传内容比较规范。

二、药品经营与流通监督管理

《药品管理法》规定，开办药品经营企业必须取得药品经营许可证，没有药品经营许可证的，不允许经营药品。为了加强对药品经营许可工作的监督管理，2004 年 2 月 4 日国家食品药品监督管理局颁布了《药品经营许可证管理办法》，自 2004 年 4 月 1 日起施行。2017 年 11 月 7 日国家食品药品监督管理总局局务会议通过《国家食品药品监督管理总局关于修改部分规章的决定》修正。《药品经营许可证管理办法》对药品经营许可证的申请与审批、变更与换发、监督检查等方面做出了规定。

《药品流通监督管理办法》是国家食品药品监督管理局制定发布的规章，2007 年 1 月 31 日公布，自 2007 年 5 月 1 日实施。《药品流通监督管理办法》共五章四十七条。为了规范药品流通秩序，保证药品质量，《药品流通监督管理办法》对药品的生产、经营企业购销药品分别做出规定。

（1）对药品生产企业的规定：药品生产企业必须在核准的地址的场所储存或者现货销售药品；药品生产企业只能销售本企业生产的药品，不能销售本企业受委托生产的或者他人生产的药品；药品生产企业不能以展示会、博览会、交易会、订货会、产品宣传会等方式现货销售药品；禁止为他人以本企业的名义经营药品提供场所或资质证明文件；禁止非法收购药品。

（2）对药品经营企业的规定：药品经营企业应当按照《药品经营许可证》许可的经营范围经营药品，未经审核同意，不得改变经营方式；不得在核准的地址以外的场所储存或者现货销售药品；不得为他人以本企业的名义经营药品提供场所，或者资质证明文件，或者票据等便利条件；不得以博览会等方式现货销售药品；不得购进和销售医疗机构配制的制剂。禁止非法收购药品。

三、药品经营质量管理规范

为加强药品经营质量管理，规范药品经营行为，保障人体用药安全、有效，根据《药品管理法》和《实施条例》，制定 GSP。GSP 是药品经营管理和质量控制的基本准则。2016 年 6 月 30 日国家食品药品监督管理总局局务会议通过《关于修改＜药品经营质量管理规范＞的决定》修正。

GSP 的内涵是通过严格的管理措施来监控药品经营企业在药品采购、储存、运输、销售过程的行为，建立包括组织机构、职责制度、过程管理和仪器设备等方面的质量体系，确保药品质量，向用户提供优质药品。GSP 的适用范围为中华人民共和国境内药品经营企业。GSP 的意义：排除质量隐患，保证患者用药安全；有利于企业诚信经营，创造良好社会风气；营造良好竞争，促进药企共同发展。

GSP（2016 年版）共分为四章一百八十四条。第一章总则，共四条，叙述了 GSP 制定的法律依据和制定目的、价值意义及适用范围。第二章药品批发的质量管理，分为十四节，一百一十五条，主要从以下几个方面进行规范：质量管理体系、组织机构与质量管理职责、人员与培训、质量管理体系文件、设施与设备、校准与验证、计算机系统、采购、收货与验收、存储与养护、销售、出库、运输与配送、售后管理。第三章药品零售的质量管理，共五十八条，主要包括以下几方面：质量管理与职责、人员管理、文件、设施与设备、采购与验收、陈列与储存、销售管理、售后管理。第四章附则，共七条，包括术语含义、制定 GSP 实施细则、GSP 的解释和施行。

思　考　题

1. 说明学习和研究药事管理学的目的与意义。
2. 简述我国药事组织的分类及其功能作用。
3. 简述参加我国执业药师资格考试应具备的条件。
4. 简述开办药品生产企业、药品经营企业必须具备的条件。
5. 简述新药申报审批的具体流程。

（曹　飞）

第八章 生物技术制药

20 世纪下半叶是生命科学和生物技术突飞猛进的时代。一方面，生命科学的发展深刻地改变了人类对生命本质的理解；另一方面，生物技术的开发和广泛应用也前所未有地提升了人们的生活质量。伴随着 20 世纪分子生物学突飞猛进的发展，生物技术在医药、农业、工业、环保等众多领域对人类健康和社会经济的进步产生了巨大的推动作用和深远影响。

第一节 生物技术制药的发展简史与应用

（一）生物技术的概念和内容

生物技术（biotechnology）是指以现代生命科学为基础，把生物体系与工程学技术有机结合在一起，按照预先的设计，定向地在不同水平上改造生物遗传性状或加工生物原料，产生对人类有用的新产品（或达到某种目的）的综合性科学技术。生物技术又称生物工程（bioengineering），包括基因工程（genetic engineering）、发酵工程（fermentation engineering）、细胞工程（cell engineering）、酶工程（enzyme engineering）。随着生物技术和生命科学的不断发展，以及与其他学科的相互渗透，生物工程的内容不断深入和扩展，产生了蛋白质工程（protein engineering）、抗体工程（antibody engineering）、基因治疗（gene therapy）、转基因技术、生物转化技术（biotransformation technology）等分支技术。

1. 基因工程 是研究 DNA 的体外重组并将重组 DNA 转入宿主进行表达的技术，首先把外源的目的 DNA 片段插入到质粒、病毒等载体中，形成重组 DNA，然后将重组 DNA 转入宿主细胞中进行扩增和表达。基因工程技术是生物技术的核心和基础技术。重组蛋白质等生物药物的制备、蛋白质的分子改造、抗体人源化等都离不开基因工程技术。

2. 发酵工程 是利用微生物（或细胞）的特定性状，通过现代工程技术手段在生物反应器中生产药用物质的一种技术，是微生物学、细胞生物学、生物化学和化学工程学的有机结合。它是生物技术的支柱，无论是传统的发酵产品，还是现代基因工程的生物技术产品，都需要通过发酵生产来获得。现在，经过发酵条件的控制和优化、各种突变株的应用等已经使很多产品进入定向发酵，大量基因工程菌（细胞）的构建促使发酵工程飞速发展。

3. 细胞工程 是指以细胞为单位，在体外条件下研究基因导入、染色体导入、细胞核移植、细胞融合、细胞大规模培养等技术，目的是改良生物品种、创造新物种、获得具有优良性状的工程细胞进行药用代谢产物的生产。细胞培养不受季节、地理位置等限制，因此可以利用细胞生物反应器大量生产有效药用成分。

4. 酶工程 是利用酶或含酶细胞作为生物催化剂完成重要的化学和生化反应，发现新的酶、对酶进行分子修饰以改善酶的特性，包括酶的分离纯化、酶的固定化、新型生物传感器等。

5. 蛋白质工程 是利用基因工程手段，包括基因的定点突变和基因表达对蛋白质进行改造，以期获得性质和功能更加完善的蛋白质分子。由于基因决定蛋白质，因此，要对蛋白质的结构进行设计改造，必须通过基因来完成。与基因工程途径相反，蛋白质工程是从预期的蛋白质功能出发，预测预期的蛋白质结构，推测应有的氨基酸序列，找到相对应的脱氧核苷酸序列，利用突变技术进行基因突变，从而对蛋白质进行改造。

6. 抗体工程　是指利用重组 DNA 和蛋白质工程技术，对抗体基因进行加工改造和重新装配，经转染适当的受体细胞后，表达抗体分子，或用细胞融合、化学修饰等方法按预先设计重新组装新型抗体分子。

7. 转基因技术　是将目的基因片段转入特定生物中，与宿主基因组进行重组，再从重组体中进行数代的人工选育，从而获得具有稳定表现的特定的遗传性状的个体。转基因技术可以使重组生物增加人们所期望的新性状，培育出新品种。生物技术制药是利用转基因动植物或它们的器官作为生物反应器生产药用蛋白质，以及将转基因动物作为药物筛选和药效评价的模型。

8. 基因治疗　是指应用基因工程技术将正常基因引入患者细胞内，以纠正致病基因的缺陷而根治遗传病。作用原理可以是原位修复有缺陷的基因、用有功能的正常基因转入细胞基因组的某一部位以替代缺陷基因等来发挥作用。

9. 生物转化技术　是利用酶或细胞作为催化剂实现化学反应的过程，是一门比较特殊的生物技术。其可以通过基因工程改变生物体的代谢途径进行特殊的化学反应，已经从一般的微生物转化反应发展为定向的生物转化反应，包括一些在有机化学中无法进行的立体结构转化反应。近年来开展了中药的生物转化研究，可改善中药成分的理化特性、提高一些稀有的天然产物的产量，甚至可以得到新的结构化合物。

（二）生物技术的发展

生物技术的发展分为 3 个阶段：传统生物技术阶段、近代生物技术阶段和现代生物技术阶段。

1. 传统生物技术阶段　生物技术历史悠久，古巴比伦人酿造啤酒，古埃及人发酵面包，中国人、古埃及人生产奶酪、发酵葡萄酒，古巴比伦人选择性地将某些雄性树的花粉授予雌性树来培育棕榈树，中国殷朝就发明了制酱技术、周朝开始了酿醋。但是，人们在很长的时期内，不知道这些技术的内在原理。直到 1680 年发明了显微镜，才知道自然界有微生物的存在。1857 年，利用实验的方法证明了乙醇是活酵母发酵的产物。其他发酵产物则是由其他微生物发酵所形成的。1897 年，发现了磨碎的“死”酵母仍能使糖发酵成乙醇，并将其中所含的活性物质称为“酶”。这一系列的研究揭开了发酵现象的奥秘。

由于受到以上研究结果的启发，从 19 世纪末至 20 世纪 30 年代，陆续出现了许多产品的工业发酵，开创了工业微生物的新世纪。生产出的产品有乳酸、乙醇、柠檬酸、淀粉酶等。这些产品的生产过程比较简单，大多数属于好氧发酵或表面培养，对生产设备的要求也不高。产品的化学结构较为简单，属于微生物的初级代谢产物。此阶段的特点：自然发酵、经验控制。

2. 近代生物技术阶段　1928 年，苏格兰科学家 Alexander Fleming 在微生物青霉菌的分泌物中发现了青霉素。1938 年，澳大利亚病理学家 Howard Florey 和英国生物化学家 Ernst Chain 在人体内证明了青霉素具有抗细菌感染的效果。20 世纪 40 年代初，由于第二次世界大战的爆发，急需疗效好而不良反应小的抗细菌感染药物。1944 年，在 Howard Florey 等的领导下，实现了青霉素的工业化生产。青霉素是人类历史上发现的第一种抗生素，其的发现和应用具有划时代意义，挽救了无数生命，其高效性和巨大的经济价值使抗生素工业经久不衰，由此开创了以青霉素为代表的抗生素时代。

3. 现代生物技术阶段 1953 年，James Watson 和 Francis Crick 提出了 DNA 双螺旋结构模型，从分子水平认识了遗传物质基因的本质，开创了现代生物技术时代。1973 年 DNA 重组技术的建立，证明可以在体外对基因进行操作。1975 年建立单克隆抗体技术。1978 年利用大肠埃希菌表达出胰岛素，1982 年重组胰岛素投放市场。1983 年 Kary Banks Mullis 发明了高效复制 DNA 片段的 PCR 技术，利用该技术可从极其微量的样品中大量生产 DNA 分子，使基因工程获得了革命性发展。1985 年重组人生长激素获批，从而形成了一个以基因工程为核心，包括以现代细胞工程、发酵工程、酶工程为技术基础的现代生物技术领域。这也是 20 世纪以来生命科学中最伟大的成果，是生物学史上一个新纪元，为生命科学、农业科学和医学的发展开辟了新天地。1996～2003 年，科学家利用此技术完成了“人类基因组计划”，这不仅为研究人类疾病和开展个性化医疗奠定了基础，也为 21 世纪生命科学发展和现代医药生物技术的产业化奠定了基础，具有科学上的巨大意义和商业上的巨大价值。

（三）生物技术涉及的相关学科及应用

生物技术是在分子生物学基础上建立的创建新的生物类型或新生物功能的实用技术，是现代生物科学和工程技术相结合的产物，涉及分子生物学、微生物学等相关学科，已广泛应用于医药、动植物及海洋生物的研究。

1. 生物技术在药物研发中的应用 生物制药技术作为一种高新技术，是 20 世纪 70 年代初伴随着 DNA 重组技术和淋巴细胞杂交瘤技术的发明及应用而诞生的。40 多年来，生物制药技术的发展为医疗业、制药业的发展开辟了广阔的前景，改善了人们的生活。因此，世界各国都把生物制药确定为 21 世纪科技发展的关键技术和新兴产业。

2. 生物技术药物发展中关键技术 1973 年 DNA 重组技术的发明标志着基因工程的诞生。1978 年，Genentech 公司（1976 年由 Herbert Boyer 和风险投资家 Robert Boyer 共同成立）利用 DNA 重组技术在大肠埃希菌中生产了第一种基因工程药物——人胰岛素（Humulin）。胰岛素至今仍是临床上治疗糖尿病最有效的方法，基因重组人胰岛素的生产开创了制药工业的新时代。

1974 年，德国生物化学家 Rudolf Jaenisch 和美国胚胎学家 Beatrice Mintz 将病毒 DNA 转入小鼠中，获得了第一个转基因动物。1981～1988 年，英国发育生物学家 Martin Evans 和美国遗传学家 Mario Capecchi、Oliver Smithies 发明了利用 DNA 同源重组定点改变动物基因组 DNA 的技术，由此可在动物中实现稳定的遗传突变。转基因动物因此被广泛应用于生命科学基础研究。此外，转基因动物也成为农业和医学应用开发的重要领域，并逐渐发展成为最有商业前景的高新技术产业。

1978 年 7 月 25 日，世界上第一例试管婴儿诞生，而奠基性工作来自于英国生理学家 Robert G. Edwards 在 20 世纪 60 年代发表的一系列关于体外受精的研究结果。Robert G. Edwards 本人被称为“试管婴儿之父”，一门新医学领域——人类不育症治疗由此诞生。

1983 年，美国生物化学家 Kary Mulllis 发明了 PCR 技术。该技术对生命科学研究是一项革命性技术，目前已被广泛应用于分子生物学和基因工程及其他与 DNA 鉴定相关领域，如疾病监测、临床应用、商品检疫、司法鉴定、新药开发等众多领域。

1983 年，比利时分子生物学家 Marc Van Montagu 和 Jozef Schell 将来自细菌的氯霉素抗性基因转入烟草中，获得了第一个转基因植物。1996 年，Monsanto 公司的转基因玉米问世。

2006 年，英国科学家 John B. Gurdon 和日本科学家 Shinya Yamanaka 因发现成熟细胞可被重编程而获得多能性而获奖。1962 年，John B. Gurdon 将一个青蛙卵细胞的细胞核替换为成熟肠细胞的细胞核，这个改变了的卵细胞最后发育成为一只正常的蝌蚪。2006 年，Shinya Yamanaka 发明了诱导多能干细胞技术（induced pluripotent stem cells，iPS）。这两项突破性的成果彻底改变了我们对于发育和分化的理解。iPS 的发明更在器官移植、遗传病治疗、疾病模型建立等方面显示出极其重要的应用前景。

2015 年，我国科学家屠呦呦因青蒿素抗疟研究的杰出贡献而荣获诺贝尔生理学或医学奖。屠呦呦先生的研发成果有效抑制了疟疾的肆虐，这一奖项的取得体现了中国科技的繁荣进步，体现了中医药对人类健康事业做出的巨大贡献，充分展现了我国综合国力和国际影响力。

第二节　生物技术制药基本概念与研究内容

一、生物技术制药

生物技术制药是以基因工程为基础的现代生物工程，即利用现代生物技术对 DNA 进行切割、连接、改造，生产出传统制药技术难以获得的生物药品。生物技术制药研究内容主要包括两大部分：一是生物制药技术的研究，注重技术的研究、开发和应用；二是生物技术药物的研究，注重技术的利用，即利用生物技术研究、开发和生产药物，用来诊断、治疗和预防疾病。

广义的生物制药学是从事各种生物药物的研究、生产和制剂的综合性应用技术科学。其研究内容包括生化药物、微生物药物、生物技术药物、生物制品及其相关的生物医药产品的生产和制造。

（一）生物制药技术的研究

（1）将生物技术的各项技术与其他学科的先进技术交叉融合，不断研究、改进和完善基因工程、蛋白质工程、细胞工程、发酵工程、酶工程等生物技术，并创造和发展新型生物技术。例如，抗体工程是利用基因工程、蛋白质工程技术和单克隆抗体技术结合产生的；基因芯片是利用微电子、微机械、生物化学、分子生物学、新型材料、计算机和统计学等多学科的先进技术建立的基因芯片技术，可大规模、高通量地研究众多基因在各种生理、病理状态下的多态性及其表达变化，从而揭示它们的功能、相互作用和调控关系。在疾病易感基因发现、疾病分子水平诊断、基因功能确认、多靶位同步超高通量药物筛选及病原体检测等医学与生物学领域得到广泛应用。

（2）利用现代生物技术改造传统制药工业，利用分子生物学技术研究抗生素、氨基酸、维生素生物合成基因，利用基因工程技术提高药物产量，利用 DNA 重组技术和基因工程技术发展起来的组合生物合成技术大大推动了新型天然产物的开发。利用微生物转化技术，尤其是利用固定化酶（或细胞）技术改进制药工艺，在氨基酸、有机酸、甾体激素、抗生素制备等领域取得了显著成效。

（3）利用细胞工程、生物反应器技术、微电子技术、自动控制相结合研制出的细胞大规模培养的生物反应器，促进了生物技术产品的规模化和产业化，从而推动了新的生物技术药物的开发和生产。

（二）利用生物技术研究、开发和生产药物

（1）利用基因工程技术大量制备大分子生理活性物质、天然产量小或其他途径难以获得的药物。人体内很多活性物，如各种酶、激素、各种调节因子具有中枢特异性，在临床上有治疗作用，如人胰岛素、生长激素、各类细胞因子等物质不可能从人体器官或组织中分离提取，只能从动物组织中提取，如人胰岛素最初是从猪胰腺中提取。但有些物质含量很低，提取困难，致使成本太高，如生长激素释放因子，提取 5mg 样品需要 50 万个羊脑。基因工程技术的诞生，使得这些生理活性物质可以规模生产，满足了临床需要。自第一个基因工程产品人胰岛素于 1982 年上市以来，基因工程药物得到迅速发展。

（2）利用蛋白质工程技术设计新的药物或改变蛋白质（酶）的性质。有些天然蛋白质（酶）存在一些缺点，可以通过定点突变技术改变关键氨基酸残基，从而改变蛋白质（酶）的特性，如将载脂蛋白 A-I 第 179 位精氨酸密码子突变为半胱氨酸密码子，即米兰突变体，可提高其胆固醇逆向转运能力，天然白介素（IL）-2 的第 125 位氨基酸为半胱氨酸，因半胱氨酸残基的存在易形成二聚体而使活性降低，利用定点突变技术将该位点的半胱氨酸改为丝氨酸，表达产物不会形成二聚体，产物稳定性好且活性高。

（3）蛋白质长效化，将目的蛋白质的基因与特定肽段编码基因通过 DNA 重组技术融合，表达的融合蛋白具有长效化特性，如免疫球蛋白 Fc 融合蛋白、CTP-融合蛋白等均可延长蛋白质的半数期。

二、生物技术药物

（一）生物技术药物概念

生物技术药物（biotechnological drug）是指采用 DNA 重组技术、单克隆抗体技术或其他生物新技术，借助某些微生物、植物、动物生产医药产品。不同于从生物体、生物组织及其成分中提取的生物制品。

（二）生物技术药物的特性

生物技术药物实质是利用现代生物技术制备用其他方法难以获得的大分子生物活性物质，如多肽、蛋白质、核酸及其衍生物，与小分子化学药物相比，其结构、理化性质、药理作用等都具有其特殊性。

1. 结构特性　蛋白质和核酸都是大分子物质，结构复杂，除一级结构外还有二级、三级结构，有些由两个或多个亚基组成的蛋白质还具有四级结构。另外，很多真核生物的蛋白质具有糖基化修饰化的糖蛋白，糖链的位置、糖链的多少及长短均影响该类蛋白质的生物活性，这些因素导致了生物技术药物结构的复杂性。

2. 理化性质特性

（1）分子量大：生物技术药物分子量很大，如 EPO 分子质量为 34kDa 左右，人胰岛素的分子质量为 5.73kDa。

（2）稳定性差：多肽、蛋白质类药物稳定性差，易受温度、pH、空气氧化、化学试剂、光照、机械力等因素影响而变性或降解失活。蛋白质类药物还易受蛋白酶降解、核酸类药物易受核酸酶降解而失活。

3. 药理作用特性

（1）具有种属特异性：许多生物技术药物的药理学活性与动物种属及组织特异性有关，主要是药物自身及药物作用受体和代谢酶的基因序列存在动物种属的差异，来源于人类基因编码的蛋白质和多肽类药物，其中有的与动物的相应蛋白质或多肽的同源性有很大差别，因此对一些动物不敏感，甚至无药理学活性。

（2）活性和作用机制明确：作为生物技术药物的多肽、蛋白质、核酸，多是在基础研究中发现的具有生物活性物质或经过优化改造的物质，其活性及体内调节机制比较明确。

（3）药理作用有多效性和网络性效应：许多生物技术药物可以作用于多种组织或细胞，且在人体内相互诱生、相互调节，彼此协同或拮抗，形成网络性效应，可具有多种功能，发挥多种药理作用。

1）多效性：如 IL-4 可作用于 B 细胞，促使其活化、增殖、分化；可作用于胸腺细胞和肥大细胞，促使其增殖。

2）网络特性：细胞因子间可相互诱生，如 IL-1 能诱生 IFN、IL-2、IL-4 等，IL-2 能诱生 TNF 等；细胞因子可调节细胞因子受体的表达，如 IL-1、IL-5、IL-6 等可促进 IL-2 受体的表达；IL-1 能降低 TNTF 受体的密度；细胞因子生物活性之间的相互影响，如 B 细胞和 T 细胞活化过程中，常需要两种以上细胞因子的协同作用或彼此调节。

（4）毒性低、安全性高：生物技术药物由于是人类天然存在的蛋白质或多肽，量微而活性强，用量极少就会产生显著的效应，相对来说它的不良反应较小、毒性较低、安全性较高。

（5）产生免疫原性：许多来源于人的生物技术药物，在动物中有免疫原性，所以在动物中重复给予这类药品将产生抗体，有些人源性蛋白质在人体中也能产生抗体，主要原因可能是重组药物蛋白在结构及构型上与人体天然蛋白质有所不同。

（6）半衰期短：很多多肽、蛋白质、核酸类药物在体内易被相应的蛋白酶、核酸酶降解，且降解的部位广泛，因而体内半衰期短。

（7）受体效应：许多生物技术药物通过与特异性受体结合影响信号转导机制而发挥药理作用，且受体分布具有动物种属特异性和组织特异性，因此药物在体内分布具有组织特异性和药效反应快的特点。

（三）生物技术药物的分类

生物技术药物分为以下四大类。

（1）应用重组 DNA 技术（包括基因工程技术、蛋白质工程技术）制造的基因重组多肽、蛋白质类治疗剂。

（2）基因工程药物，如基因治疗剂、基因疫苗、反义药物和核酶等。

（3）来自动物、植物和微生物的天然生物药物。

（4）合成与部分合成的生物药物。

第三节 生物技术制药研究动态及发展方向

世界生物制药技术的产业化已进入投资收获期，生物技术药品已应用和渗透到医药、保健食品和日化产品等各个领域，尤其在新药研究、开发、生产和改造传统制药工业中得到日益广泛的应用，生物制药产业已成为最活跃、进展最快的产业之一。有些学者认为，20 世纪的科学技术是以物理学和化学的成就占主导地位，而 21 世纪的科学技术是以生物学的成就占主导地位。无论这种说法是否得到普遍的认同，生物技术是当今高科技中发展最快的领域似乎是不争的事实。科学家曾预测，生命科学会取得革命性进展。这些进展可以帮助人类解决很多目前无法医治的疾病的治疗问题，彻底消除营养不良，改善食品的生产方式，消除各种污染，延长人类寿命，提升生命质量，为社会安全和刑侦提供新的手段。有些成果还可以帮助人类加速植物和动物的进化，以及改善生态环境对人类的影响等。产生新的有机生命的研究也会取得进展。

一、生物药品的现状

目前生物制药主要集中在以下几个方向。

（1）肿瘤：在全世界肿瘤死亡率居首位，美国每年诊断为肿瘤的患者为 100 万，死于肿瘤者达 54.7 万。用于肿瘤的治疗费用为 1020 亿美元。肿瘤是多机制的复杂疾病，目前仍用早期诊断、放疗、化疗等综合手段治疗。今后 10 年抗肿瘤生物药物会急剧增加，如应用基因工程抗体抑制肿瘤，应用导向 IL-2 受体的融合毒素治疗 CTCL 肿瘤，应用基因治疗法治疗肿瘤（如应用 γ-干扰素基因治疗骨髓瘤）。基质金属蛋白酶抑制剂（tissue inhibitor of metallo proteinase，TNMPs）可抑制肿瘤血管生长，阻止肿瘤生长与转移。这类抑制剂有可能成为广谱抗肿瘤治疗剂，已有 3 种化合物进入临床试验。

（2）神经退化性疾病：阿尔茨海默病、帕金森病、脑卒中及脊椎外伤的生物技术药物治疗，胰岛素生长因子 rhIGF-1 已进入III期临床。神经生长因子（nerve growth factor，NGF）和脑源性神经营养因子（brain-derived neurotrophic factor，BDNF）用于治疗末梢神经炎、肌萎缩硬化症，均已进入III期临床。

美国每年有卒中患者 60 万，死于卒中的人数达 15 万。卒中的有效防治药物不多，尤其是可治疗不可逆脑损伤的药物更少，已证明 Cerestal 对脑卒中患者的脑力能有明显改善和稳定作用，现已进入III期临床。Genentech 公司的溶栓活性酶（Activase 重组 tPA）用于脑卒中患者治疗，可以消除 30%的症状。

（3）自身免疫性疾病：很多炎症由自身免疫缺陷引起，如哮喘、风湿性关节炎、多发性硬化症、红斑狼疮等。风湿性关节炎患者多于 4000 万，每年医疗费达上千亿美元，一些制药公司正在积极攻克这类疾病。例如，Genentech 公司研究一种人源化单克隆抗体免疫球蛋白 E 用于治疗哮喘，已进入 II 期临床；Cetor 公司研制一种 TNF-α 抗体用于治疗风湿性关节炎，有效率达 80%。Chiron 公司的 β-干扰素用于治疗多发性硬化病。还有的公司在应用基因疗法治疗糖尿病，如将胰岛素基因导入患者的皮肤细胞，再将细胞注入人体，使工程细胞产生全程胰岛素供应。

（4）冠心病：美国有 100 万人死于冠心病，每年治疗费用高于 1170 亿美元。今后 10 年，防治冠心病的药物将是制药工业的重要增长点。Centocor 公司应用单克隆抗体治疗冠心病的心绞痛和恢复心脏功能取得成功，这标志着一种新型冠心病治疗药物的诞生。

基因组科学的建立与基因操作技术的日益成熟，使基因治疗与基因测序技术的商业化成为可能，正在达到未来治疗学的新高度。转基因技术用于构造转基因植物和转基因动物，已逐渐进入产业阶段，用转基因绵羊生产蛋白酶抑制剂 ATT，用于治疗肺气肿和囊性纤维变性，已进入Ⅱ、Ⅲ期临床。大量的研究成果表明转基因动、植物将成为未来制药工业的另一个重要发展领域。

单克隆抗体药物在生物技术制药中占有重要地位，并逐渐成为生物医药领域发展的主要方向，从全球市场来看，抗体药物成了国际制药业争夺的焦点。单克隆抗体药物治疗主要是利用其靶向性来干预疾病发生、发展过程中的各个通路或激活宿主对疾病的免疫等。随着生物医学的不断发展，一定会出现具有更高靶向性的单克隆抗体和药效更强的“弹头”，为患者带来更大的希望。

二、生物药品的发展趋势

（一）生物制药新技术展望

从 20 世纪 90 年代之后，生物制药行业就取得了很好的进步与发展，企业对于生物制药的投入比重也在不断增加。生物制药技术的创新与应用，促进了制药行业的新发展，生物制药技术是以基因重组技术、克隆技术为主体的新型制药技术，整个生物制药产业链可分为研发、测试和销售 3 个阶段。目前我国在生物制药技术方面也取得了很大的发展和技术性突破，如重组 DNA 技术、抗体技术、生物手性合成技术等。

生物学的革命不仅依赖于生物科学和生物技术的自身发展，而且依赖于很多相关领域的技术走向，如微机电系统、材料科学、图像处理、传感器和信息技术等。尽管生物技术的高速发展使人们难以做出准确的预测，但是基因组图谱、克隆技术、遗传修改技术、生物医学工程、疾病疗法和药物开发方面的进展正在加快。

除了遗传学之外，生物技术还可以继续改进预防和治疗疾病的方法。这些新方法可以封锁病原体进入人体并进行传播的能力，使病原体变得更加脆弱并且使人的免疫功能对新的病原体做出反应。这些方法可以改变病原体对抗生素的耐受性越来越强的不良趋势。

除了解决传统的细菌和病毒问题之外，人们正在开发解决化学不平衡和化学成分积累的新疗法。例如，正在开发之中的抗体可以攻击体内的可卡因，将来可以用于治疗成瘾问题。这种方法不仅有助于改善瘾君子的状况，而且对于解决全球性非法毒品贸易问题具有重大影响。

各种新技术的出现有助于新药物的开发。计算机模拟和分子图像处理技术（如原子力显微镜、质量分光仪和扫描探测显微镜）相结合可以继续提升设计具有特定功能特性的分子的能力，成为药物研究和药物设计的得力工具。药物与使用该药物的生物系统相互作用的模拟在理解药效和药物安全方面会成为越来越有用的工具。例如，美国 FDA 在药物审批的过程中利用 Dennis Noble 的虚拟心脏模拟系统了解心脏药物的机制和临床试验观测结果的意义。这种方法成为心脏等系统临床药物试验的主流方法，而复杂系统（如大脑）的药物临床试验需要对这些系统的功能和生物学进行更为深入的研究。

到 21 世纪初生物技术药物的种类数目尚不会超过一般药物的总数，但生物技术制药公司总数将超过前 10 年的 6 倍。目前主要生物技术公司多分布在美国，如 Amgen、Genetics institute、Genzyme、Genentech 和 Chiron，还有 Biogen 也发展较快。1987 年尚没有一种重组 DNA 药物进入世界药品销售额排行表前列，但到 1996 年已有多种生物工程药物榜上有名。经上市的生物技术药物主要含三大类，即重组治疗蛋白质、重组疫苗和诊断或治疗用的单克隆抗体。

药物的研究开发成本目前已经高到难以为继的水准，每种药物投放市场前的平均成本大约为 6 亿美元。这样高的成本会迫使医药工业对技术的进步进行巨大的投资，以增强医药工业的长期生存能力。综合利用遗传图谱、基于表现型的定制药物开发、化学模拟程序和工程程序及药物试验模拟等技术已经使药物开发从尝试型开发转变为定制型开发，即根据服药群体对药物反应的深入了解设计、试验和使用新的药物。这种方法还可以挽救过去在临床试验中被少数患者排斥但有可能被多数患者接受的药物。这种方法可以改善成功率，降低试验成本，为适用范围较窄的药物开辟新的市场，使药物更加适合适用对症群体的需要。如果这种技术趋于成熟，可以对制药工业和健康保险业产生重大影响。

值得注意的是，制药工业的知识产权保护在世界各地是不平衡的。某些地区（如亚洲）会继续以生产专利过期药物为主，有些地区（如美国和欧洲）除了继续生产低利润的药物外会持续开发新的药物。

总之，综合多学科的努力，通过新技术的创立可以大大拓宽发明新药的空间，增加发明新药的机遇与速度。因为这些手段可以寻找快速鉴定药物作用的靶点，更有效地发现更多新的先导物化学实体，从而为发明新药提供更加广阔的前景。

（二）生物技术制药可能存在的问题

1. 生物制药可能出现的安全问题及防范 在生物制药生产研发的过程中，很容易造成生物的感染、产生生物危险物质等问题，这些问题如果控制不好，必然会影响生物制药使用者和制药人员的生命健康安全，对于生物制药企业产生巨大的危害。因此在生物制药过程中，要坚持做好综合防范工作，对于生物制药的全过程都要加强健康监护，防止发生生物危害的扩散。要做好实验室安全建设工作，严格遵守生物制药相关制度规范。

2. 生物制药可能出现的伦理问题及防范 在生物制药技术发展的过程中，还会产生一些伦理性问题，如克隆技术、试管婴儿技术及基因检测技术等。其中基因检测技术的应用虽然可以加强疾病的检测和预防，但是基因检测也很容易造成基因歧视，引发家庭纠纷、人际关系疏远等次生问题。因此对待这些问题，我们必须采取辩证的观点看问题，既要看到这些问题的弊端，同时又要看到这些先进生物技术带来的健康福音，趋利避害，使生物制药新技术更好地为人类战胜疾病服务。所以需要政府进行正确引导和规范发展，对于滥用技术造成的违法犯罪行为要进行坚决打击。

3. 生物制药可能出现的生态保护问题及防范 生物制药过程中经常产生对人体有伤害的微生物气溶胶，而且很多无色无味的微生物气溶胶很容易随空气进行扩散，造成生态环境的破坏。同时生物制药企业产生的生物垃圾也很容易造成企业周围环境的破坏，危及生态环境稳定性。因此，我们要做好生物制药过程中的生态保护工作，通过围场、屏幕隔离、定向气流、有效消毒灭菌等方法将生态危害降到最低，同时要做好生物制药企业的生态环保监测工作，做好节能减排的控制工作，有效地降低制药企业对环境的破坏。

三、我国生物技术制药现状和发展前景

（一）生物技术制药的发展现状

21 世纪是生物技术的世纪，生物制药已成为中国高新技术发展的重点。在全球金融危机的阴影下，新兴国家医药市场却表现得风光这边独好，中国作为“金砖国家”之一，生物制药市场也分外亮丽。随着人们生活水平不断提高和对自身健康关注度不断提升，还有生物医药新技术的成熟，我国生物市场规模一直保持快速增长。因此，生物医药产业也被看成朝阳产业，预计未来行业规模将会越来越大。

（1）2019 年全球生物医药产业发展状况：全球主要国家都转向生物医药研发，大量资本及人力投入促进全球生物医药技术不断突破，新品种药物不断诞生。2013～2018 年，全球在研新药年复合增速为 8%，2018 年比 2017 年增加了 395 种新药。全球新药研发主力军为美国、欧盟、日本、韩国，其中美国具有绝对优势，占有新药上市的五成市场。

（2）2019 年中国生物医药产业发展概况：近年来，中国生物医药产业规模持续增长，生物医药产值占医药产业的比重持续上升。2019 年我国生物医药行业市场规模已经超过 3700 亿元，预计 2020 年我国生物医药行业市场规模将近 4000 亿元。近年来，受益于政策利好等众多因素的影响，我国生物医药行业市场规模不断增长，生物医药产业园区同样也发展迅速。2019 年我国生物医药产业园区产业总产值达 2.13 万亿元。

（3）2019 年中国生物医药产业发展趋势：2017 年中国生物医药行业上市公司增加，千亿元市值俱乐部成员变化，中国四家生物医药企业进入 IPO 总榜，2018 年由于港交所上市新规出台，未来将有更多生物医药企业赴港上市，生物医药板块的头部企业正在发展和增加。风险投资/私募股权投资（VC/PE）投资力度大幅上涨，上市政策红利等，生物医药行业目前在中国的机遇是历史前所未见的，预示着行业未来的头部企业竞争将越来越激烈。

研发药物发展较为成熟的生物科技公司将会更受青睐，生物医药行业需要大量资料，只有借助资本，才能自主创新，成就生物医药发展的关键。生物医药具有“长周期、高投入、高风险、高回报”的特点，发展缓慢的最大原因之一是缺乏资本助推。近年来排名靠前的头部企业在研发人员的招募和研发资金的投入方面，都不同程度地加大力度，对研发的重视程度不断提高。因此投资者关注点将从企业当下业绩，转变为在研药物未来的临床价值和销售潜力，以及生物技术未来应用场景所具备的潜力。

中国生物医药在全球竞争中拥有优势，应提高生产效率以满足不断增长的需求，降低成本，以及提高产品总体质量。改善生物医药连续生产工艺和降低生产成本，特别是与一次性使用相关的成本，是生物医药管理者的重中之重。因亚洲地区的劳动力成本优势、固有成本优势，以及药品专利制度逐步完善，全球医药 CMO 市场将持续从西方市场转移至亚洲新兴市场。中国目前占据时间医药市场 1/4 的份额，预计占比将一路走高。

虽然经过多年的发展，中国生物医药产业已经有了一个良好的基础，但是与世界先进国家的生物医药产业相比，中国生物医药产业还存在不少差距。中国生物医药产业的发展从科研到产业化，将是一条艰难的路。近年来，从国家到地方各级政府不断加大力度支持生物医药产业的发展。

1. 中草药 传统草药有着悠久的历史，人类对草药的使用已积累起丰富的实践经验并形成独特的理论体系。我国有丰富的药材资源，其种类和质量在国际上一直享有很高的声誉。然而有资料表明，目前全球的草药销售额中，我国的中草药出口所占比例仅为 3.3%，而且我国草药出口的国家和地区又大都局限在东南亚、日本、韩国一带；相反，日本、韩国、德国等经济发达国家在购入我国的原药材后，制成成药剂返销我国，对我国的中草药行业冲击严重。例如，我国银杏叶的产量为世界之最，但我们一直把它作为一种原料药材出口，很少以成品药出口。要发展我国的中草药事业，必须正视并且努力改善这种状况，本着科技为本，质量第一的思想，不断提高中草药在国内与国际医药市场的竞争力。笔者认为，要提高中草药的市场竞争力，既要充分发挥中草药的特色，坚持传统中医方剂固有的“君臣佐使、相生相克”的配伍原理，研究开发出更多、更好的适用方剂，又要加大对单一成分新药的提取和分析力度，全方位参与国际竞争，提高中药在国际上的影响力和竞争力。

2. 生物技术药物

（1）单克隆抗体：是生物技术医药行业增长最快的领域。由于单克隆抗体药物特异性高，结构与性质均一稳定，其制备技术日益完善，因此，临床应用越来越广泛，这些特征使它成为未来治疗学上研究的热点。2018 年全球单克隆抗体药物市场已从 2014 年的 883 亿美元增至 2018 年的 1448 亿美元，复合增长率高达 13.2%，远高于全球生物药物 7.7%的复合增长率。预计随着全球医疗需求的不断增长、新单克隆抗体的研发、渗透率的提高，全球单克隆抗体药物市场将继续增长。与全球市场不同的是，中国的单克隆抗体药物市场还处于起步阶段。2018 年中国单克隆抗体药物市场仅占总生物药市场的 6.1%，单克隆抗体药物在中国的种类较少、覆盖率较低。而随着国内需求端及支付能力的持续提升，医保覆盖面及上市品种的持续扩大，我国单克隆抗体药物市场将迎来快速发展时期。

目前共有上百个国家/地区竞逐单克隆抗体药物市场，其中药物研发和商业化数量排名前十的国家/地区主要为美国、中国、瑞士、日本、韩国、英国、德国、加拿大、印度和法国。美国是全球最大的单克隆抗体药物研发基地。PD-1/L1 药物、抗体 Fc 融合蛋白药物等有广阔的市场前景，多特异性抗体、抗体偶联药物正逐步进入全新的发展阶段。中国在单克隆抗体方面的研究和开发上也显示出了强劲的生命力。以涉足单克隆抗体的医药公司华神集团为例，该公司近年来研发的 ^{131}I 美妥昔单抗注射液，成为国际上第一个用于治疗原发性肝癌的单克隆抗体导向同位素药物，该药的成功研制使我国肝癌的治疗取得很大进展。

（2）基因工程药物：生物技术的核心是基因工程，该项技术在药物研究和开发上有突出的贡献。我国基因工程药物起步较晚，但经过多年的不懈努力，取得了突破性进展，成为 21 世纪最为活跃的产业板块。尤其是近年来随着国家对于基因工程药物的大力支持，特别是十二五规划期间，通过“推动我国生物产业规模”，我国在基因工程药物这一领域发展迅速，在生物技术、人才、资金等方面已经逐步缩小了与先进国家的差距。基因工程药物产业已逐步形成了比较完善的上下游产业链和产业集群，大幅度提升了生物制药领域生产效率。据估计，未来我国基因工程药物领域发展前景十分广阔，年增长率将不低于 25%，年生产总产值将超过 20 亿元人民币。与此同时，我国目前的基因工程药物产业仍然存在着许多问题，如基因工程药物模仿多于创新，40%的销售额来自仿制药等。可以说目前我国的基因工程药物产业，机遇与挑战并存。

（3）我国的生物技术制药存在问题：从生物技术医药产业分析，我国存在的突出问题是研发力量薄弱，技术水平落后；另外，项目重复建设现象严重，企业规模小，设备落后。这使我国与欧美国家相比还有很大差距，直到受 863 计划的推动，在国家自然基金等项目建立后，其发展规模才开始大幅度扩大。

我国药品监督管理局批准上市的生物技术药物以大肠埃希菌表达的产品占绝对优势，而欧美国家是哺乳动物细胞表达的产品占优势，占总量的 60%～70%，并且这个比例还有扩大的趋势。目前，在我国已批准上市的生物技术药物中，只有 EPO、乙肝疫苗、p53 重组腺病毒注射液等为哺乳动物细胞表达的产品。这与欧美国家以 CHO 细胞为代表的哺乳动物细胞表达产品占绝对优势形成了鲜明对比。另外，同一产品有多家企业同时生产，这造成了规模小和低水平重复建设现象，浪费了大量宝贵资源。多数厂家的生产规模为每年十几克甚至几克的水平，很少有生产能力超过 100g 重组蛋白的中试规模的生产商。这造成了人力和财力的极大浪费，使我国有限的资源不能分配到真正有发展前途的哺乳动物细胞表达产品的研究、开发与生产上。即使已得到的工程细胞，其表达水平一般也比国外低，每天 10^6 个细胞内表达量只是在微克级水平上。

生物制药产业是目前医药产业中发展最快、活力最强、技术壁垒最高的领域之一，并且是国家重点支持的战略性新兴产业，随着科学进步和技术创新，一些高新技术在药品研发过程中将得到越来越多的应用，如高通量快速筛选技术和现代生物技术等。人类基因组计划和生物信息学的发展为制药工业创造新药奠定了基础，一批生物制药公司已经迅速成长起来，未来必将成为世界制药工业的一支重要力量。

总之，中国由于构建基因工程哺乳动物细胞的上游技术和动物细胞大规模培养等下游技术的落后，导致过多重复研发低分子量、结构简单的蛋白质药物，而基本放弃了高分子量、结构复杂的蛋白质药物的生产，这严重背离了生物制药发展的主流，将对我国生物制药的未来发展带来严重危害。

（二）生物技术制药的发展方向

总体来说，我国生物技术制药产业的产值呈增长趋势。比尔·盖茨曾经说过，下一个成为世界首富的人一定出自基因产业。这从一个侧面说明生物医药产业的前途是光明的。综合对产业及市场要素的分析，可以预测在未来 3～5 年内，中国生物医药产业将会保持每年 25%左右的速度快速增长。虽然一个科技含量极高的产品存在很多风险，但是就整个制药行业看，发展中国家得到更多的是机遇。综合起来考虑，我国生物技术制药业今后的发展方向可以确定为以下几方面。

（1）中草药及其有效生物活性成分的发酵生产。

（2）改造抗生素工艺技术：在目前各类药物中，抗生素用量最大，应研究采用基因工程与细胞工程技术和传统生产技术相结合的方法，选育优良菌种，还应加快应用现代生产技术生产高效低毒的广谱抗生素。

（3）大力开发疫苗与酶诊断试剂。

（4）开发活性蛋白质与多肽类药物。

（5）开发研制靶向药物：以开发肿瘤药物为重点。

（6）发展氨基酸工业和开发甾体激素：应用微生物转化法与酶固定化技术发展氨基酸工业和开发甾体激素，并对现在传统生产工艺进行改造。

（7）人源化的单克隆抗体的研究与开发：目前的单克隆抗体，多为鼠源抗体，注入人体后会产生抗体抗抗体或激发免疫反应。目前国外已研究噬菌体抗体技术、嵌合抗体技术、基因工程抗体技术以解决人源化抗体问题。

（8）血液替代品的研究与开发：由于人血难免被各种病原体所污染，通过输血而使患者感染艾滋病或乙肝的案例时有发生，因此利用基因工程开发血液替代品引人注目。

（三）展望

生物制药是21世纪最核心的高新技术之一，过去我们由于错过工业革命的发展良机，痛失信息技术革命带来的黄金发展机遇，现在我们不能再次丧失生物技术带来的这次飞跃式发展机遇。我们要清楚认识到自身的差距与不足，找出制约我国生物制药发展的瓶颈，大力发展动物细胞大规模培养技术和治疗性抗体研究与开发的上中下游技术，把握机会，实现跨越式发展。相信在完成人体基因组测序后，从人体基因组中寻找开发各种新药，将是一个激动人心的壮举。

第四节　生物技术药物实例

一、基因工程药物

基因工程药物是先确定对某种疾病有预防和治疗作用的蛋白质，然后将控制该蛋白质合成过程的基因取出来，经过一系列基因操作，最后将该基因放入可以大量生产的受体细胞中去，这些受体细胞包括细菌、酵母菌、动物或动物细胞、植物或植物细胞，在受体细胞不断繁殖过程中，大规模生产具有预防和治疗这些疾病的蛋白质，即基因疫苗或药物。

1. 世界第一个基因重组药物——胰岛素　1921年，人类获得胰腺抽提液，发现了使血糖浓度迅速下降的胰岛素，1926年纯化的胰岛素已经能做成结晶。1945～1955年，英国的Sanger经过10年不懈的努力，终于搞清楚了胰岛素的全部化学结构，为胰岛素的人工合成及胰岛素分子结构与功能关系的研究奠定了基础。由于胰岛素分子量很大，在实验室很难化学合成。

（1）第一代胰岛素——动物胰岛素：1921年弗雷德里克·班丁（Frederick Banting）与约翰·麦克劳德（John Macleod）合作首次成功提取到了胰岛素，不同种族哺乳动物（人、牛、羊、猪等）的胰岛素分子的氨基酸序列和结构稍有差异，其中猪胰岛素与人的最为接近。动物胰岛素是最早应用于糖尿病治疗的胰岛素注射制剂，一般是猪胰岛素，猪胰岛素与人胰岛素存在1～4个氨基酸的不同，因此容易发生免疫反应，使注射部位皮下脂肪萎缩或增生，发生胰岛素过敏反应，并且由于其免疫原性高，容易反复发生高血糖和低血糖，容易出现胰岛素抵抗。

（2）第二代胰岛素——人胰岛素：20世纪80年代，人们通过基因工程（重组DNA）（转基因）、酵母（啤酒酵母、毕赤酵母或汉逊酵母）或重组CHO表达出高纯度的合成人胰岛素，其结构和人体自身分泌的胰岛素一样。1978年，基因泰克公司利用重组DNA技术成功地使大肠埃希菌生产出胰岛素。1982年首先将重组人胰岛素投放市场的是美国礼来公司，这是全球开发的第一个基因重组药物，标志着基因重组技术的应用正式成为一个产业。对比动物胰岛素，人胰岛素较少发生变态反应或胰岛素抵抗，所以皮下脂肪萎缩的现象也随之减少；由于人胰岛素抗体少，所以注射量比动物胰岛素平均减少30%；人胰岛素的稳定性高于动物胰岛素，常温25℃左右可保存4周，需在餐前30min注射，有较高的夜间低血糖风险。

（3）第三代胰岛素——胰岛素类似物：20 世纪 90 年代末，在对人胰岛素结构和成分的深入研究中发现，对肽链进行修饰：利用基因工程技术，改变胰岛素肽链上某些部位的氨基酸组合；改变等电点；增加六聚体强度；以钴离子替代锌离子；在分子中增加脂肪酸链，加大与白蛋白的结合，均有可能改变其理化和生物学特征，从而可研制出更适合人体生理需要的胰岛素类似物（insulin similitude）。胰岛素类似物可临餐使用，也称餐时胰岛素或速效胰岛素。

2. 乙肝疫苗　像其他蛋白质一样，乙肝表面抗原（HBSAg）的产生也受 DNA 调控。利用基因剪切技术，用一种“基因剪刀”将调控 HBSAg 的那段 DNA 剪裁下来，装到一个表达载体中，所谓表达载体，是因为它可以把这段 DNA 的功能表达出来；再把这种表达载体转移到受体细胞内，如大肠埃希菌或酵母菌等；最后再通过这些受体细胞如大肠埃希菌或酵母菌的快速繁殖，生产出大量我们所需要的乙肝疫苗（HBSAg）。

二、抗体药物实例

抗体是由 B 淋巴细胞转化而来的浆细胞分泌的，每个 B 淋巴细胞株只能产生一种它专有的、针对一种特异性抗原决定簇的抗体。这种从一株单一细胞系产生的抗体就叫单克隆抗体（McAb），简称单抗。第一代单克隆抗体由 Koehler 和 Milstein 于 1975 年制备，它来源于小鼠的 B 细胞杂交瘤，但人体免疫系统可以识别鼠源性单克隆抗体，因此其应用受到了很大的限制。1982 年，Levy 制备了一个针对 B 淋巴瘤患者瘤细胞的单克隆抗体，取得很好效果。随后开始采用基因工程的方法生产人源或人源化的单克隆抗体及嵌合型的单克隆抗体，人-鼠杂交瘤的构建方法是 1984 年报道的，并于 1987 年进行了首次临床试验，1986 年美国 FDA 批准抗 CD3 单克隆抗体 OKT3 用于移植排斥反应。1995 年 17-1A 鼠单克隆抗体在欧洲上市用于治疗大肠癌。

1. 作为肿瘤治疗药剂的单克隆抗体药物　西妥昔单抗为 IgG1 单克隆抗体，是表皮生长因子受体拮抗剂，可与表达于正常细胞和多种肿瘤细胞表面的表皮生长因子受体（EGFR）特异性结合，并竞争性阻断表皮生长因子和其他配体，如 α-转化生长因子（TGF-α）的结合。它通过增加细胞周期抑制因子 p27kip 使得细胞周期停留在 G_1 期；增加 Bax 表达和减少 bcl-2 表达，诱导癌细胞的凋亡；它还可减少基质金属蛋白酶和血管内皮生长因子（VEGF）的产生。相关实验表明，西妥昔单抗可抑制过度表达表皮生长因子受体的肿瘤细胞的增殖，但是对缺乏表皮生长因子受体表达的肿瘤细胞则没有效果，还发现西妥昔单抗与化疗药联用要优于单独化疗。

2. 单克隆抗体药物在其他疾病中的应用　单克隆抗体药物不只在肿瘤的治疗中取得了很好疗效，在其他疾病的治疗中也取得了一些疗效。例如，奥马珠单抗（omalizumab）通过与游离 IgE 结合而显著降低游离 IgE 的水平，阻断 IgE 与肥大细胞、嗜碱性粒细胞结合，防止炎症介质的释放。可显著改善哮喘患者的症状、肺功能及生活质量，减少哮喘恶化的发作次数，减少糖皮质激素的用量，使用安全，具有很好的耐受性。利妥昔单抗对类风湿性关节炎和系统性红斑狼疮也有很好的治疗作用。英夫利昔单抗对类风湿关节炎患者疼痛、晨僵、关节肿胀等临床症状减轻程度就可达 60%。另有研究显示，输注英夫利昔单抗可快速、显著缓解顽固性银屑病、关节炎患者的关节和皮损症状。英夫利昔单抗对克罗恩病、溃疡性结肠炎、酒精性肝病等消化系统疾病都有较好疗效，且在推荐的治疗范围内安全性良好。

思 考 题

1. 请简述现代生物技术在医药领域中的应用。
2. 请分析生物技术制药的发展方向及可能存在的问题。
3. 生物技术制药的主要研究内容是什么？
4. 生物技术药物的特性是什么？
5. 请简述单克隆抗体药物的制备流程及在药学中的应用。

（李宝库）